VOYAGE

EN

ESPAGNE

1842

PARIS

IMPRIMERIE DE H. FOURNIER ET C°,
RUE SAINT-BENOÎT, 7.

1843

VOYAGE

EN

ESPAGNE.

Tu sais, mon cher fils, que nous avons quitté Paris le 21 juillet ; ta belle-mère était ravie d'aller revoir sa famille et ses amis, moi charmé d'échapper pour quelque temps aux préoccupations sans cesse renaissantes de mes affaires.... Et pourtant ce ne fut pas sans une vive et presque douloureuse émotion que nous partîmes !... Chacun de nous sentait qu'il lui fallait quitter un enfant chéri.... tandis que la malle-poste nous emportait rapidement vers la Bretagne !....

La route par La Flèche et Angers est jusqu'à Nantes une des plus belles de France, elle parcourt les départements les plus riches et les mieux cultivés. Ta belle-mère ne connaissait pas la capitale moderne de la Bretagne, et malgré les sept bras de la Loire qui la baignent, que l'on traverse sur des ponts en pierre et dont ses habitants sont si fiers, Nantes ne lui a pas plu. Cette ville possède peu de monuments, l'hôpital Saint-Jacques, le Cours, la place d'Henri IV : quelques églises sont bientôt vues ; mais toute notre admiration a été pour le tombeau de François Ier, duc de Bretagne. Le nom de l'artiste dont il est l'ouvrage est ignoré... Qui sait ?... peut-être, de son temps, ne fut-il considéré que comme un habile ouvrier, tandis que de nos jours le moindre maçon se croit digne de prendre place à côté des Mansard et des Michel-Ange !... Des quatre statues de grandeur naturelle qui sont aux angles du cénotaphe, celle qui représente *la Prudence* me paraît fort ingénieuse : la tête a deux faces; l'une, jeune et belle, c'est le Présent, qui, les yeux fixés sur un miroir, cherche à deviner l'avenir; l'autre, placée derrière la tête, c'est le Passé, sous les traits d'un vieillard à longue barbe.... Ce chef-d'œuvre est dans la cathédrale, église inachevée, qu'on va, dit-on, terminer.

Nous voulions faire une excursion dans les environs de Nantes; je connaissais Clisson, je voulus voir La Meilleraie.

Nous nous embarquâmes dans une miniature de bateau à vapeur sur l'Erdre, la plus jolie et la plus curieuse petite rivière qui soit peut-être en France. A son embouchure dans la Loire, ses eaux, resserrées par des quais profonds, sont noires comme celles du Styx. Dès qu'on a quitté la ville, la rivière, devenue bleue, baigne les plus charmantes habitations. On nous fit remarquer celle de M. De Sesmaisons, le château de La Houssinière, et celui de M. de Goyon. Mais bientôt l'Erdre s'élargit démesurément; on se croit en pleine mer, ou plutôt on est entré dans un lac dont à peine on voit les bords; puis on en sort pour voguer sur un courant assez profond, mais si étroit que le bateau semble glisser sur la prairie qu'il parcourt. Enfin on aperçoit une flèche, c'est le clocher de Nort, jolie petite ville qui barre le passage à la pittoresque rivière finissant à ses pieds.

Au moment où nous arrivions à Nort, la ville était animée et encombrée par le passage de plusieurs centaines de conscrits qui, partis des communes les plus éloignées du Finistère, allaient rejoindre leur régiment dans le département des Deux-Sèvres. Je reconnus, parmi les officiers qui les conduisaient, un capitaine et un lieutenant que j'avais vus en 1837 à Béhobie, lorsque j'y allai avec toi, mon cher enfant.... Nous dînâmes à la même table d'hôte, et au dessert, tout en fumant et en prenant quelques petits verres, nous ravivâmes ensemble nos souvenirs des frontières basques. Pendant ce temps les recrues buvaient, dansaient et chantaient pour étouffer les regrets du pays !... Tous n'y parvenaient pas !... car le soir nous vîmes un pauvre conscrit qui, malgré l'ivresse et peut-être à cause d'elle, pleurait jusqu'aux sanglots. A trois heures du matin nous fûmes réveillés par le tambour; le détachement se mettait en marche, et les malades, ou plutôt les désolés, briguaient encore avec des larmes une place sur la mauvaise charrette qui faisait là l'office du fourgon. Bientôt tout s'éloigna, et Nort rentra dans le silence.

A sept heures nous partîmes aussi pour La Meilleraie dans un petit

char-à-bancs, qui nous transporta en trois heures au couvent des
trappistes. La maison, assez belle, est au milieu d'une plaine cultivée
par les frères. Un vieux prêtre nous ouvrit la porte et nous intro-
duisit dans un parloir, où nous reçûmes l'hospitalité; le prieur nous
fit les honneurs d'un déjeuner frugal, composé de fruits et de beurre
de La Meilleraie. Comme les femmes n'entrent pas dans l'intérieur,
j'ai visité seul les différentes parties de la maison. Rien ne m'y a
choqué, et pourtant je n'ai pas trouvé à la Trappe les émotions sur
lesquelles je comptais. Le prieur est un homme d'esprit et de bonnes
manières; le frère qui m'accompagnait me peignit, dans le langage le
plus noble, le bonheur et le calme dont il jouit depuis qu'il a fui le
monde pour la retraite. Nous avons assisté à l'office; la communion
de tous les religieux est assurément une belle cérémonie.... Pourquoi donc sommes-nous sortis de là comme des gens désenchantés?
La faute en est, non pas assurément aux pauvres trappistes, dont la
vie s'écoule entre le travail le plus rude, la prière et le jeûne, mais
aux récits mensongers qui circulent dans le monde et à nos imagina-
tions exaltées par de fausses peintures... On fend la terre à La Meilleraie, non pour y creuser sa tombe, mais pour y déposer la semence
des récoltes; on y garde le silence, mais quand on le rompt ce n'est
pas pour se dire : Frère, il faut mourir !... Du reste, aucun des
frères trappistes n'a consenti, sur notre bonne mine, à nous rendre
confidents des aventures plus ou moins dramatiques qui l'ont conduit
à La Meilleraie. Et puis j'avais mal dîné !... La chaleur était étouffante !... Aussi trouvâmes-nous, au retour, Nort et l'Erdre moins
attrayants; au contraire, l'hôtel de Nantes et son restaurant nous
parurent extrêmement embellis.

Le 25 juillet, nous quittâmes Nantes; nous avions dans le coupé,
pour compagne de voyage, une bien aimable femme, madame la
douairière de Brerenbrock, née baronne de Falcken; c'est une Hol-
landaise, une veuve entre deux âges, qui a dû être extrêmement
jolie. Elle parle cinq langues; nous lui avons parlé de toi, car elle
a passé six mois à Francfort. Elle est plus instruite qu'une femme
ne l'est ordinairement.

Nous l'avons retrouvée à Bordeaux, et recommandée dans les
meilleures maisons; mais ta belle-mère était intriguée de la voir
voyager absolument seule. Assurément c'est une femme supérieure,
mais peut-être et pour cela même est-elle un peu bizarre. Elle a bien
voulu dire que nous l'avions charmée, et son suffrage nous a flattés
infiniment.

Nous traversons la Vendée par la nouvelle route stratégique : La Roche-Servière, Bourbon-Vendée, la statue du général Travot, qui orne la principale place de cette dernière ville, évoquent pour nous des souvenirs héroïques et sanglants. A Bourbon-Vendée, où la diligence s'arrête, le canon gronde, la troupe est sous les armes : on vient de faire le service funèbre du duc d'Orléans !... Toujours des funérailles ici-bas !... à chaque page de l'histoire une mort glorieuse, ou sanglante ou fatale...

Il pleut horriblement quand nous arrivons à La Rochelle... Je me débarrasse de mes tristes impressions, grâce aux jouissances gastronomiques. Le poisson est délicieux : la ville est propre, mais triste et silencieuse : on dirait que la population protestante se renferme près du foyer pour chanter des psaumes, et craint encore le despotique cardinal. Nous allons jusqu'au bout de la jetée, en face de l'établissement des bains de mer, qui est fort beau ; en revenant, et par hasard, nous trouvons l'hôtel-de-ville, bâtiment dont l'architecture est du style le plus ancien et le mieux conservé ; on pourrait faire de sa façade un charmant dessin.

Que la route est monotone de La Rochelle à Rochefort !... Les marais salants sont les plus tristes de tous les déserts ; mais Rochefort est charmant · ses larges rues, les arbres qui les bordent, un mouvement inconnu aux petites villes, font naître en nous la pensée que si nous devions un jour quitter la capitale, c'est à Rochefort que nous viendrions habiter. Grâce à M. G......, commissaire de marine, que ma femme a connu naguère à Bordeaux, nous avons promptement une permission pour visiter l'arsenal de marine et le bagne. M. G...... nous donne pour conducteur un invalide qui, à l'âge de quatorze ans, assista à la prise de la frégate anglaise *l'Embuscade* par *la Bayonnaise*. Le rôle qu'il joua dans cette action fut à peu près passif : mais il avait un frère, plus âgé que lui de deux ans, qui eut les deux cuisses emportées par un boulet, et qui s'écria : « Je meurs... « mais c'est égal... vive la république !... »

Au bagne, nous éprouvons tout le contraire de ce que nous avions ressenti au couvent de la Trappe. Ici la réalité dépasse l'imagination... Voilà bien le crime, la bassesse, le vice à leur apogée !... Quelles hideuses figures, quel aspect repoussant ont tous ces hommes, accouplés et enchaînés comme des bêtes fauves !... Ma femme commença par avoir peur ; mais bientôt cette première sensation fait place à la curiosité. Nous voudrions savoir l'histoire de tous ces malheureux !... J'en interroge quelques-uns, les honnêtes gens du bagne, ceux qui travaillent dans les ateliers. Il y en a un qui m'intéresse ; il était à la bataille de Baylen. On dit que le général Grivel, à qui il se vante d'avoir sauvé la vie, lui a fait obtenir une commutation de peine, et que bientôt il sera libéré Quant à son crime, le récit qu'il en fait est si embrouillé que nous n'y comprenons rien ; il s'agit, suivant lui, de chouans tués en très-légitime défense, car ils é aient quatre contre lui. Au reste, à Rochefort, on ne peut que s'indigner contre les rigueurs de la justice, en prêtant l'oreille aux récits de tous ces honnêtes galériens...... A les entendre, ils sont tous là par suite de méprises ou pour des bagatelles..... On nous a conté l'histoire d'un nommé Dubois, horloger à Saintes, qui parvint à continuer au bagne son métier de faux monnayeur, et à fabriquer à mettre en circulation pour 6,000 fr. de fausses pièces de monnaie ; mais il fut découvert et guillotiné. Son fils, enfant de quatorze ans, qui l'avait aidé dans sa coupable industrie, après avoir subi une assez longue détention, a passé, dit-on, au Mexique et s'y est enrichi, en tout bien, tout honneur. Nous avons encore visité à Rochefort le magnifique hôpital militaire et le charmant jardin de la Préfecture ; le jardin botanique qui le touche est, dit-on, le plus riche de France. Nous quittons Rochefort, emportant le souvenir le plus agréable de M. G......, et fort reconnaissants de toutes ses politesses.

Nous sommes bien mal dans la voiture de Royan, encore plus mal dans l'hôtel où nous arrivons à trois heures du matin. On nous donne asile dans la salle à manger, à peu près comme on laisse entrer un pauvre chien dans une écurie, quand il pleut trop fort. J'offre 10 francs d'un matelas pour coucher ta belle-mère..... et l'on ne me répond pas..... Enfin nous nous arrangeons sur des chaises de paille, la tête appuyée au mur et pourtant nous dormons, mais Dieu sait de quel sommeil !.... Aussi ma pauvre femme se refuse à voir lever le soleil ; elle se jette dans la première embarcation qui va rejoindre le bateau à vapeur et me laisse par la ville, chargé du soin des paquets. Ce sont pourtant de beaux spectacles :.... l'embouchure de la Gironde, de la riche Gironde... Cordouan et son phare mélancolique qui s'éteint et se ravive alternativement.... la pointe de Grave, en face de Royan, puis l'Océan et son immensité !... Mais toutes ces beautés ne pouvaient vaincre la fatigue et le besoin du sommeil..... Combien notre âme est asservie à sa pauvre enveloppe !.....

Quand nous avons un peu dormi et passablement déjeuné, alors nous voyons avec intérêt les bords de la Garonne ; ma femme reconnaît et me nomme tous les sites ; autour de nous elle entend parler sa langue..... Les passagers lui sont connus..... Enfin elle est en pleine patrie!... Oh! comme alors le sang circule vite!... Le cœur est plus à l'aise; il semble que tout ce qui nous entoure est nôtre... les visages vous sont bienveillants..... vous pouvez leur parler, ils vous comprendront!....

J'ai déjà vu deux fois Bordeaux; aujourd'hui mon admiration pour cette belle ville s'est encore accrue. Assurément, après Paris, nulle autre en France ne peut lui être comparée pour la beauté de son port, la largeur d'une partie de ses rues, le bon goût de ses maisons et de ses magasins. Son théâtre est sans rival; ses églises sont belles; sa population est en général de bon ton et comme il faut : c'est une ville de commerce..... mais c'est l'aristocratie du commerce..... Hélas! elle subit le sort de toutes les aristocraties de nos jours!.. Son commerce s'en va et Bordeaux languit... On s'aperçoit déjà que cette belle cité n'est plus animée par le travail de ses habitants.... qu'un malaise intérieur la tourmente et l'attriste..... Cependant elle n'est pas mortellement atteinte; qu'on vienne donc à son aide!....... Peuplez ses larges rues; garnissez sa rade de mâts et de voiles.... Si on pouvait lui donner, comme à Marseille, une seconde Algérie!.... alors, mon cher enfant, la patrie de ta belle-mère serait en France sans rivale!..... J'y ai fait connaissance avec de bons parents qui m'aiment et que j'aime aussi.. J'y ai vu des gens aimables; je ne te les nomme pas... Tu les connaîtras, j'espère, un jour; ils t'aimeront..... car ma femme leur a parlé de toi avec éloge et tendresse!.....

Nous avons fait une charmante partie pour aller voir le pont de Cubzac; c'est un merveilleux ouvrage, mais tellement hardi que je crains pour sa solidité. Ce pont, sur la Dordogne, est élévé de 23 mètres au-dessus des plus hautes eaux, et sa longueur est de 545 mètres; les arcades de ses abords rappellent les travaux des Romains.

Après huit jours passés chez mon beau-frère, nous sommes partis le 5 août de Bordeaux pour Bayonne. Nous avons un aimable compagnon de voyage à qui nous nous reprochons de n'avoir pas demandé son nom. Il est juge d'instruction à Paris; il me connaissait... mais ta belle-mère était triste de quitter sa famille; la conversation ne fut pas très-animée et nous nous séparâmes à Mont-de-Marsan, avec quelques remords de notre discrétion intempestive.

J'aime Bayonne, et mon cœur s'est attristé de sa décadence!... Le nouveau système des douanes espagnoles ruine son commerce avec ce royaume voisin, et c'était là toute sa richesse.... Quel dommage pourtant !.... Existe-t-il ailleurs une ville placée comme celle-là sur la frontière, à deux pas de la mer, arrosée par un fleuve et une rivière, au pied des Pyrénées, défendue par une forteresse vierge, à la fois ville maritime et ville de guerre? La cathédrale est belle et renferme un cloître admirable; on le répare, et il pourra un jour rivaliser avec ceux qu'on cite le plus souvent. Baroilhet, que nous avions entendu chanter à Bordeaux, dans *la Favorite*, se trouva avec nous à Bayonne, sa ville natale; on nous y fit voir la boutique de son père qui est tapissier.

Jadis on allait à Biaritz, village situé au bord de la mer, en montant sur des ânes, en *cacolet*, espèce de bât ayant un siége de chaque côté. Deux personnes s'y plaçaient et on égalisait les poids avec des pierres. On a beaucoup chanté le *cacolet*; il a été détrôné de nos jours par les voitures de toute espèce qu'on trouve à la porte d'Espagne : pour quinze sous, on nous transporta à Biaritz en trois quarts d'heure. Après avoir admiré la mer de plusieurs points de vue, nous nous trouvâmes près de l'anse où l'on se baigne, et quoique la lame fût très-forte, ta belle-mère prit un bain qui l'amusa beaucoup. La saison a été très-bonne cette année et Biaritz était encombré de baigneurs. Ce village est charmant; les maisons sont semées çà et là, toutes blanches comme de la craie et fermées de volets peints en vert-pomme; on parlait autour de nous autant espagnol que français.

Le 7 août, à midi, nous quittâmes Bayonne dans la diligence de Madrid; nous étions seuls dans le coupé et nous pûmes nous livrer sans contrainte à nos impressions. Tu sais, mon cher enfant, combien j'aime l'Espagne; à Bordeaux, je m'étais trouvé si près d'elle que je n'avais pas voulu résister au plaisir d'aller la revoir encore une fois. De Bayonne à Béhobie, les villages ne sont presque plus français; l'aspect de Béhobie a tout à fait changé; comme moi, ta belle-mère, ne l'a pas reconnu. Du côté de l'Espagne, en face du pont qui sépare les deux royaumes, on a bâti une élégante maison où se trouvent une auberge et un billard : on passe rapidement la frontière; puis on arrive à Irun; où la douane s'empare de vos effets et vous retient là une heure.

On dit souvent que pour voir l'Espagne il faut passer l'Ebre; je ne suis pas de cet avis. A Irun, déjà tout est changé; les rues étroites, les maisons à balcons grillés à l'extérieur et parfaitement semblables à nos volières, le costume des femmes, et enfin l'attelage que l'on met aux voitures, tout nous dit que nous sommes dans la Péninsule.

Un jeune Espagnol, poli et obligeant, ayant conseillé à ma femme de faire quelques provisions, la conduisit dans une maison de fort belle apparence ; la maîtresse du logis, tout en s'éventant, lui fit apporter un petit pain que ta belle-mère paya deux sous, en s'étonnant de trouver dans une boulangère les manières d'une grande dame. Ce jeune Espagnol était Salvator Ruiz Gomez dont nous t'avons parlé précédemment dans nos lettres.

Ruiz Gomez est né à Gijon, royaume des Asturies ; il est fils d'un armateur, sans doute riche et qui, reconnaissant dans son fils des facultés intellectuelles peu communes, lui fit donner la plus brillante éducation ; il a fini ses études en Allemagne, passé deux ans en Angleterre et deux ans en France ; aussi parle-t-il également bien quatre langues.... mais la science dont il paraît s'être le plus occupé, c'est la politique. Depuis Irun jusqu'à Burgos, nous nous sommes peu quittés ; nous avons parlé beaucoup, et le plus souvent, des affaires de l'Europe. Je ne crois pas qu'on puisse, à vingt-un ans, savoir davantage ni juger plus sainement.

La diligence dans laquelle nous sommes partis de Bayonne ressemble à celles de France, mais elle est basse : point de voyageurs sur l'impériale, peu de paquets, et sur le devant du coupé un siége sur lequel sont placés postillons et conducteurs, ce qui nous mit en rapport direct avec ceux-ci. On attelle sept mules et un cheval à notre voiture ; sur le cheval et tout à fait en tête, se place le *muchacho*, enfant de douze à quinze ans qui guide ce long attelage. Celui que nous prenons à Irun mériterait les honneurs de la lithographie : il est petit, trapu ; son visage est sans barbe ; de petits yeux, une bouche en forme de museau qui tour à tour expriment la méchanceté d'un homme ou l'indifférence d'un enfant. Infatigable, il reste dix-huit heures par jour à cheval, presque toujours au grand trot ; aussi est-il célèbre parmi ses pareils. On dit qu'il a servi dans l'armée de don Carlos. Assurément son état lui plaît fort, car ses yeux brillent et s'allument, lorsqu'il assomme de coups de fouet son cheval et les mules qu'il conduit. En cela, il est bravement secondé par le postillon qui, pendant plus de la moitié de la route, galope à côté de son attelage, frappant, grondant, jurant, louant, encourageant tour à tour *Coronella*, *Peligrosa*, *Peregrina*, *Carbonaro*..... En entendant ces cris incessants, on est d'abord presque effrayé, puis on finit par s'en amuser infiniment.

La province de Guipuzcoa que nous parcourons est la Suisse de l'Espagne : nous gravissons et descendons tour à tour une suite de montagnes peu élevées, vertes et assez bien cultivées; mais nous trouvons partout les traces de la dernière guerre. L'incendie a tout atteint, villages, églises, maisons isolées. Oyarzun, gros bourg où il y a une forte garnison, nous intéresse par la sévérité de son aspect. Nous y traversons la place principale, qui commence pour nous la série de *las plazas de la Constitucion*, que nous avons trouvées dans les plus petits villages, comme dans les grandes villes d'Espagne.

A Hernani, on nous soumet encore aux perquisitions de la douane; nous nous arrêtons sur une charmante place fermée comme la cour d'un palais et garnie de balcons dont les rideaux de toutes couleurs font croire que les maisons sont pavoisées pour une fête. En effet, un tambour et un flageolet ne tardent pas à paraître et attirent aussitôt autour d'eux jeunes filles et garçons... Un bal improvisé commence en plein air... c'était le dimanche!... Les balcons se garnissent de femmes faisant jouer l'éventail; et pendant qu'on danse, le curé et son vicaire, coiffés du chapeau de *don Bazile*, se promènent gravement devant le portail de l'église.

Cette église, que nous avons visitée, est, comme toutes celles de l'Espagne, vaste, élevée, sombre, et surchargée d'ornements d'assez mauvais goût. Les autels sont dorés, peints, couverts de statues et de fleurs artificielles ; là point de chaises, quelques bancs seulement le long des murs. Les hommes seuls s'y asseoient; les femmes, prosternées à terre, à genoux, se laissent aller sur leurs talons quand elles sont fatiguées. Cette pose, qui rappelle celle de *la Madeleine de Canova*, est pleine de grâce. Les femmes bien mises laissent traîner sur les nattes, et même sur les dalles, le bout de leur mantille et les dentelles qui garnissent leur robe. Elles n'ont point de livre de prières; leurs lèvres remuent, leurs yeux errent, leurs mains agitent l'éventail qui rafraîchit l'air autour d'elles; un calme d'une ineffable douceur s'empare de vous... on ne pense plus à rien... mais on jouit de cela même... Cependant, comme ce n'est pas pour jouir, mais pour prier, qu'on est dans une église, la sonnette de l'enfant de chœur rappelle à l'ordre les assistants... alors, mon cher enfant, je tournais tout effrayé et brusquement la tête... alors d'énormes coups de poing, tombant sur toutes les poitrines, résonnent sous la voûte et rappellent à des idées de pénitence et de macération.

Ta belle-mère en a trouvé de cruelles macérations dans notre première couchée à Tolosa. Une fois pour toutes, je vais te faire la description d'une chambre d'hôtel en Espagne. Pour y arriver, il faut toujours beaucoup monter ; car le rez-de-chaussée sert aux remise et écurie, l'entresol à je ne sais quel usage, le premier à la cuisine et à la salle à manger... Ce n'est donc qu'au second que nous trouvions deux lits de camp très-étroits sur lesquels figurent une mince paillasse, un matelas, garnis de je ne sais quels corps durs qui roulent sous vous, et de deux carrés de peaux de bouc qu'on habille de taies d'oreiller et qu'on place où l'on veut. Des draps assez propres font d'abord une illusion qui à Tolosa fut pour nous bientôt détruite. Ma femme passa à se gratter les quatre heures qui firent notre nuit, et tous les deux nous nous levâmes avec une ébullition de sang sur les jambes... Nous avions soupé avec des œufs frais, seul mets qui n'eût pas révolté nos estomacs français, les cigarettes et le petit verre d'*aguardiente* me consolèrent du reste.

Le lundi 8 août, à trois heures du matin, nous étions en voiture ; les montagnes s'élèvent après Tolosa... Pour monter *la Desgargada*, l'une d'elles, on attelle deux paires de bœufs à la diligence. Rien ne peut donner l'idée des cris par lesquels on les excite dans les passages difficiles ; comme aussi, mon cher enfant, je ne saurais te peindre mon émotion en parcourant ce pays, naguère le théâtre de la lutte entre les carlistes et les christinos. Tous les voyageurs cheminaient à pied ; Ruiz Gomez et ta belle-mère, parlant des derniers événements, et moi, mon bon Charles. Nous finîmes par être tellement impressionnés par les lieux et les souvenirs, qu'un poste de *celadores* (gendarmes du pays) nous apparut comme un parti de *guerillas* : « Nous sommes ici pour les voleurs, » nous dirent-ils ; cela nous tranquillisa.

Ce jour-là, nous déjeunâmes à Vergara, village célèbre par la défection de Maroto. L'auberge est située en face de la vallée où le général qui trahit don Carlos embrassa Espartero et signa le traité d'union. Nous traversons ensuite Mondragon, patrie de notre fantastique *muchacho* ; puis nous nous enfonçons dans le défilé de Salinas. Là, j'évoquai un des plus terribles souvenirs de la guerre de l'indépendance... Un convoi de l'armée française y fut surpris et massacré !... On met pour gravir au sommet de la montagne, huit bœufs et deux chevaux à notre voiture ; avec eux nous arrivons enfin sur le plateau, où le *muchacho* et les mules nous attendaient à l'ombre que projetait un rocher.

Pour arriver à Vittoria, on redescend très-peu ; à quatre heures de la même journée, nous étions dans un hôtel assez confortable, ta belle-mère à la fenêtre et ton père entre les mains d'un barbier, véritable Figaro pour la légèreté du rasoir... Tout à coup les clairons sonnent; j'entends les pas des chevaux, et on m'annonce un régiment de dragons qui venaient passer la revue sous nos balcons. A la revue succéda la promenade dans la ville... Par malheur, elle n'est pas grande, et dans une heure nous avions tout vu : l'ancienne ville aux rues étroites, aux maisons armoriées; puis le nouveau quartier, bâti à la française, et enfin *le Prado*, jolie promenade publique, ornée de statues colossales qui n'offrent aucun intérêt; car les rois ou les héros qu'elles représentent sont à peu près inconnus.

Mais ce qui nous amusa beaucoup, ce furent les danses qui, à l'entrée de la nuit, s'établirent sur toutes les places... Cette province, désolée, il y a si peu de temps, par la guerre civile, ne se contente pas d'avoir enfin du repos, il lui faut du plaisir. Des courses de taureaux annoncées pour les premiers jours de septembre étaient le motif ou au moins le prétexte des réjouissances publiques que nous trouvions sur notre passage; ta mère ne pouvait s'arracher au charme de voir ces danses si vives et si gracieuses... Du reste, même repas qu'à Tolesa; des glaces exquises que nous prîmes dans un café, *plaza de la Constitucion*, nous consolèrent de nos infortunes gastronomiques.

Le lendemain, à quatre heures du matin, nous quittons Vittoria : au point du jour, nous étions à Miranda de Ebro. Là encore les perquisitions de la douane, c'est-à-dire que, pour la quatrième fois depuis notre entrée dans la Péninsule, nos malles et cartons, étendus sur la voie publique, sont ouverts et fouillés en tous sens ; ma femme voit ses bonnets et chapeaux tournés, froissés. Pour prendre patience, elle entend la messe dans une chapelle pauvre et nue devant laquelle la douane nous visite; puis une auberge assez propre et une hôtesse empressée nous enhardissent à demander du café au lait... il se fait longtemps attendre... Hélas! pourquoi vint-on à bout d'une pareille œuvre?... On nous fabrique un liquide blanc et jaune de l'aspect et du goût le plus révoltant, mais surtout le plus éloigné de la chose dont il portait le nom... à *Miranda de Ebro*. Il fallut cracher et payer ce que nous avions commandé!...

Ruiz Gomez, notre aimable compagnon, nous vantait beaucoup l'imposant défilé de Pancorvo; nous y arrivâmes bientôt, après avoir vu à la porte de Miranda la scène la plus caractéristique. Un troupeau de moutons vint se jeter dans les jambes de nos mules; les cris et les gestes de leurs conducteurs qui se jetaient en avant de la diligence pour l'empêcher d'avancer, la malice féroce de notre *mu-*

chacho qui, lancé au milieu du troupeau, trouvait charmant d'en écraser une partie, enfin, les efforts du postillon pour arrêter *muchacho*, mules et voiture, firent de l'incident le plus commun un épisode dont nous parlons souvent encore.

Après le défilé de Pancorvo, sombre, sauvage, entouré de montagnes taillées comme des murailles le long de la route, nous arrivons à Brieviesca ; nous y faisons un déjeuner à la façon des *noces de Gamache*...... douze pigeons dans un plat ! Tous nos compagnons de route redoublent de politesses et d'attentions bienveillantes. Les manières *de grand seigneur* qu'on trouve dans tous les habitants de la Vieille-Castille, sont pour nous un des charmes du voyage. Le pays que nous parcourons jusqu'à Burgos est presque plat et sans la moindre végétation : pas un arbre, pas un brin de verdure ; tout est brûlé par un soleil de 30 degrés... Et pourtant, cette terre si sèche, fécondée par je ne sais quoi, donne à ses paresseux habitants plus de blé qu'ils n'en cultivent jamais. Ce blé était récolté au moment de notre passage ; on sépare le grain de la paille à l'aide d'une machine traînée par un cheval ; celui-ci est conduit par un enfant ou par une femme qui, montée sur cette espèce de traîneau, semble diriger un char de triomphe ; enfin je trouve qu'ici tout a de la majesté.

Nous apercevons les tours de la cathédrale de Burgos. Avant d'y entrer, nous sommes assaillis par un orage subit... J'ai vu, en un quart d'heure, le nuage se former, monter jusqu'à nous, éclater sur notre tête et se dissiper... Il a fallu au postillon moins de temps que cela pour se voir enlever son chapeau, pour courir après, pour le rattraper sans faire arrêter la voiture, être mouillé jusqu'aux os et se sécher aux rayons du soleil. Le *muchacho* jouissait et riait du désordre, comme un véritable damné.

L'hôtel ou *fonda* dans lequel nous descendîmes à Burgos était tellement horrible et sale que, pour nous consoler, nous sortîmes bien vite pour aller voir et admirer la cathédrale, cet immense chef-d'œuvre d'architecture et de sculpture. Le lendemain, nous y retournâmes avec Ruiz Gomez qui, un peu pour nous, je le crois, s'arrêta un jour à Burgos et qui fut, dans cette circonstance, le plus utile comme le plus aimable des *cicerone*.

Je ne te ferai point, mon fils, la description de la magnifique église dont je te parle ; trois heures d'admiration ne m'en ont laissé qu'un imparfait souvenir qui probablement sous ma plume se traduirait en un *imbroglio* auquel tu ne comprendrais rien. Pour te donner seulement une idée de l'immensité de l'édifice, je te dirai que huit services avec les orgues se célèbrent à la fois sans que l'un soit entendu de l'autre; toutes les chapelles sont ornées de statues et contiennent des tombeaux admirables; le cloître surtout nous impressionna vivement: ce sont de longues galeries, garnies de mausolées; la cour située au milieu est plantée d'arbres qui entourent un bassin.

Burgos est la patrie du Cid. A midi nous montâmes en calessine avec Ruiz Gomez, et nous allâmes à San-Pedro de Cardeña, le plus ancien couvent de la Castille. Il est fondé depuis treize cents ans, et son église renfermait les cendres du Cid et de Chimène. Les moines, gardiens de ces illustres tombeaux, ont été atteints par la dernière révolution et chassés de leur demeure; deux seulement ont résisté à l'orage et trouvé moyen d'éluder la loi. L'un, vieillard de quatre-vingts ans, a sans doute demandé qu'on lui laissât quelques jours pour achever de mourir; l'autre, jeune encore, s'est fait laboureur; il cultive les terres des nouveaux propriétaires, soigne et nourrit le vieillard, son frère aîné en Jésus-Christ; c'est ce dernier qui nous accompagna dans notre visite au monastère. Il se nomme don Bernardo, saint et aimable bénédictin, qui, nous dit-il, se console avec ses livres de tout ce qu'il a vu faire aux hommes... Avec quelle joie il voyait la mère traduire et comprendre les inscriptions qu' garnissent la chapelle du monastère !...

Mon indignation à la vue des tombeaux du Cid et de sa Chimène ouverts et dégradés sembla le rajeunir. Ignorants et destructeurs comme tous les révolutionnaires, les membres de la municipalité de Burgos ont violé ces tombes, croyant les honorer. Les restes du grand capitaine, déposés à l'*Ayuntamiento*, attendront sans doute longtemps encore le magnifique mausolée qu'on leur a voté !...

Après avoir bu au même verre que le père Bernardo l'eau de la *fontaine des Martyrs*, qu'il nous présenta, nous prîmes à regret congé du respectable moine, en lui demandant du fond du cœur sa bénédiction et ses prières pour nos enfants. La Chartreuse de Miraflorès, que nous visitâmes en revenant, quoique plus curieuse à voir, nous intéressa moins. L'église renferme cependant un magnifique tombeau de Jayme II, roi de Castille, et de son épouse; les beaux tableaux qui l'ornaient ont été enlevés dans la guerre de l'indépendance.

Le soleil baissait pendant que nous nous promenions dans le cimetière du couvent, et dorait les murs du monastère et le feuillage des cyprès qui se dressent à côté des tombes. Jamais notre ciel gris ne m'avait offert ces chaudes et brillantes teintes !... Ta belle-mère les avait vues, me dit-elle... Quelques-uns des jours les plus brûlants de son pays les lui avaient fait connaître, et les souvenirs de la patrie se mêlèrent pour elle à l'impression de la plus délicieuse température que j'aie ressentie de ma vie. L'action de ce beau ciel est si puissante sur l'âme, que l'on comprend le bonheur des moines de *la Cartuja*, malgré toutes les privations que la règle de saint Bernard leur imposait.

Nous entendîmes en leur faveur un éloquent plaidoyer dans la bouche de notre conducteur ; une discussion politique s'était engagée entre lui et Ruiz Gomez, notre compagnon... Ce dernier faisait un peu de la propagande constitutionnelle, mais il trouva dans notre voiturier un adversaire difficile à convaincre. Notre jeune Asturien en convint de fort bonne grâce, et nous traduisit les arguments du *calessinero* en faveur de l'ancien régime : « Les moines qui nourris- « saient les pauvres et faisaient élever dans les universités les jeunes « gens sans fortune, lui paraissent fort regrettables, et surtout, « dit-il, jusqu'à ce que l'on ait mis quelque chose de mieux à leur « place. »

Le 10 août, jour de saint Laurent, comme on le dit à Burgos, nous quittâmes cette capitale de la Vieille-Castille, après avoir échangé avec Salvator Ruiz Gomez des regrets de nous séparer, et des assurances de bons souvenirs et d'amitiés.

J'oubliais de te parler du *Prado* de Burgos, la seule chose animée que nous ayons vue dans cette ville, car le jour Burgos paraît désert, abandonné comme les couvents qui l'entourent. Mais quand le soleil se couche et que la nuit amène la fraîcheur, le Prado, promenade sans arbres et qui longe une rivière sans eau, se garnit rapidement de militaires, de prêtres, d'enfants, de femmes voilées... On ne les voit ni ne les entend venir, et ce sont presque des apparitions semblables à la scène des nonnes de *Robert-le-Diable*. En un instant nous passâmes d'un désert dans un salon où l'on parlait, riait, se saluait. Je crois que l'uniformité du costume des femmes est pour beaucoup dans cet effet d'optique ; il semble voir la même femme en vingt endroits différents... Puis la promenade joue un si grand rôle dans la vie des Espagnoles, que l'heure en est fixée comme pour nous celle des repas.

En quittant Burgos, nous étions trois dans le coupé d'une voiture à moitié brisée, et nous le comprîmes à merveille, grâce aux cahots que nous éprouvâmes bientôt ; car là commença pour nous le sup-

plice des malheureux rats que l'on tue en les secouant dans une sou-
ricière. Pour déjeuner on s'arrêta dans une horrible *posada* où ta
belle-mère se refusait à entrer, tant l'aspect en était repoussant !...
Nous avions pour compagnons de table, et quelle table ! une vieille
femme borgne et un marchand de je ne sais quoi... Les mets étaient
aussi repoussants que les convives. Jusqu'à Buitrago, la route, toujours curieuse à voir pour des voyageurs comme nous, ne m'offre
rien d'intéressant à te raconter.

Enfin Buitrago fut le bouquet en fait de sale auberge et d'exécrable souper !... Rien ne peut en donner l'idée... Des cochons se
promenaient autour de la table en guise de levrettes ou d'épagneuls ;
une huile rance arrosait tous les plats depuis la soupe jusqu'au fro-
mage !... Nous quittâmes au plus tôt une pareille table, et nous allâmes
souper de l'air du temps, proverbe espagnol à coup sûr, et proverbe
plus vrai qu'on ne le pense sous un si beau ciel !... Nous remon-
tâmes en voiture, et après avoir roulé toute la nuit comme on doit
rouler dans l'enfer, brisés, moulus, mais fiers et contents, nous
arrivons le 12 août, à sept heures du matin, dans la capitale de
toutes les Espagnes.

En approchant de cette capitale, mon cher Charles, rien n'annonce
une grande ville ; point de maisons de plaisance, encore moins de
châteaux , et cela est encore plus vrai dans les environs de Madrid
que partout ailleurs... Oui, le désert est à ses portes... Depuis quelques années on y a planté des avenues dont les arbres grandissent
peu, malgré les soins qu'on en prend.

Madrid est une ville moderne ; ses rues sont larges ; l'aspect en est
assez français. Nous cherchions un hôtel où nous pourrions nous
faire comprendre... Après bien des paroles et des démarches inutiles, notre bonne étoile nous conduisit à *la fonda de la Amistad,
calle de Cavallero de Gracia*, tout près du palais de *Buena-Vista*,
qu'habite Espartero. Cet hôtel est tenu par un Béarnais, nommé
Louis Ferrand. Excepté l'enseigne, rien ne vous annonce un hôtel
garni. Le rez-de-chaussée et l'entresol, inhabités, ont plutôt l'aspect
d'un couvent ; toutes les portes fermées ont, comme dans les pri-
sons, de petits guichets grillés ; un cordonnier en vieux, garde, je
crois, la porte, et nous laisse passer sans rien voir. Ce n'est que plus
tard que nous avons su qu'il était concierge. Après que nous eûmes
sonné longtemps, un vieux domestique vint en bâillant voir ce que
voulait dire ce bruit importun ; il entendait le français, et parut se
résigner à la fatigue que lui présageait notre arrivée. On nous installa

dans une jolie chambre, mal meublée, dont la porte sans serrure ne
se fermait qu'en appuyant une chaise par derrière; puis, après avoir
pris bain et chocolat, nous voilà circulant dans les rues de Madrid,
malgré les ardeurs du tropique.

Madrid est, pour une capitale, fort peu animée; point de voitures,
excepté, je crois, celles des ambassadeurs. Il est vrai que dans ce
moment l'émigration de la noblesse est presque générale; surtout
depuis la mort de Diego Leon, tous les grands se sont éloignés d'Espartero. Malgré mon désir bien vif de voir le régent, je n'ai pu y
parvenir : il sort peu, et ne se promène plus au Prado, depuis qu'à
l'enthousiasme a succédé l'indifférence. La petite reine, au contraire, se montre tous les jours, ou plutôt on la fait voir... Pauvre
enfant !... séparée de sa mère, entourée d'ambitieux qui peut-être ne
la laissent vivre que parce qu'ils n'osent se passer d'elle !... Isabelle II
n'est pas jolie; sa jeune sœur sera mieux : la reine est blonde; l'in-
fante brune; assez grandes pour leur âge, elles ont toutes deux le
maintien plus grave que les enfants ordinaires. Toutes les deux, vêtues de même et à la française, tiennent fort bien leur place dans le
fond d'une calèche découverte; sur le devant, et toute seule, est la
veuve de Mina, leur gouvernante, petite femme entre deux âges,
triste et vêtue de noir.

A Madrid, la vérité est aussi difficile à savoir qu'à Paris. Les par-
tisans du régent prétendent que madame Mina donne la meilleure
éducation possible à la reine et à sa sœur. Ses ennemis, au contraire,
disent que, méconnaissant la dignité royale et complétement igno-
rante des lois de l'étiquette, la veuve du guerillero Mina se fait servir
par Isabelle II.

Le *Prado*, promenade publique qui a quelques rapports avec l'entrée des Champs-Élysées, est, mon cher enfant, la plus délicieuse
promenade du monde; ta belle-mère prétend que c'est un salon du
grand monde, sous les voûtes du plus beau ciel. Toutes les femmes
nous y ont paru charmantes : en ce moment leur costume est ravis-
sant !... Les robes, faites *à la française*, sont presque généralement
en soie noire ou de couleur foncée; les manches sont courtes, le
corsage décolleté; puis sur des cheveux superbes, quelquefois ornés
de fleurs, la mantille, posée très en arrière, attachée par des épingles
d'or et flottant sur les épaules sans cacher la taille. Quant aux jeunes
gens, ils sont mis comme les membres du Jockey-Club.

J'ai poursuivi de tous côtés les régiments formant la garnison de
Madrid ; ils sont mieux habillés et plus proprement tenus que ceux

des provinces. Sans y penser, nous nous trouvâmes, le lendemain de notre arrivée, dans la cour du château royal, à l'heure où l'on relevait la garde montante. Il était huit heures, et le soleil brillant et brûlant inondait de lumière ce palais presque désert !... Les chasseurs de Luchana arrivaient au pas de course, comme s'ils couraient au combat ; ils étaient précédés par une excellente musique qui jouait, pour nous seuls, des airs presque divins !... Quel contraste entre cette habitation d'une reine de douze ans (habitation majestueuse, mais silencieuse et délaissée comme une prison d'état) et notre magnifique château des Tuileries !...

Ne voulant pas quitter cette demeure sans avoir vu tout ce que *le Guide de l'étranger* nous indiquait, nous voilà parcourant, toujours seuls, les cours, escaliers, couloirs, et cela, sans être nullement inquiétés dans notre marche. D'informations en informations, nous grimpons au cinquième étage où est, dit-on, l'intendance du château. Là se manifeste cette indifférence pour l'étranger qui, en Espagne, paralyse par moments la curiosité des voyageurs; à notre demande de visiter les galeries du château, on répond que le tuteur de la reine l'a défendu... Force nous est dès-lors de borner notre admiration à l'architecture extérieure de ce magnifique palais, dont les constructions achevées ne sont que le quart du projet.

Ce jour-là même à midi, nous allâmes voir le Musée... Il est admirable !... Les chefs-d'œuvre de peinture qu'il renferme sont arrangés et classés avec autant d'ordre que de goût dans de magnifiques galeries. Chaque école est séparée : les Raphaël sont, après *la Transfiguration*, les plus beaux du monde !... *La Vierge à la perle, le Spasimo de Sicile, une Sainte famille*, qui, ravie à l'Espagne pendant les guerres de Bonaparte, orna le Louvre et nous fut reprise avec tant d'autres chefs-d'œuvre glorieusement mais injustement acquis, les Murillo, les Velasquez, les Ribeira, les Zurbaran, épars naguère dans les diverses maisons royales, ont été réunis dans le musée de Madrid par les soins de deux reines, femmes de Ferdinand VII, la *Portugaise* et la *Saxonne*..., car c'est ainsi que les appelle notre *cicerone*, un des gardiens du Musée, garçon fort complaisant qui a plus d'une fois pour nous remplacé le livret : ces deux reines en effet aimaient beaucoup les arts : plus d'un chef-d'œuvre a été par elles arraché à l'oubli ou à la destruction. On nous a montré un magnifique portrait par Vandick; il servait de volet dans la boutique d'un *galinero* (marchand de volaille). Les Rubens sont nombreux, mais inférieurs, selon moi, à ceux de la Belgique; l'école espagnole moderne est pitoyable !...

Lorsque après trois heures d'admiration nous quittâmes le Musée, et que pour retourner à notre hôtel de l'*Amitié*, il nous fallut traverser le Prado et remonter une partie de la rue d'Alcala, nous passâmes sous une voûte de feu qui fondrait assurément plus d'un crâne, si les habitants de ces climats n'avaient la prudente habitude de faire *la sieste* à l'heure où les Français seuls affrontent le soleil de Madrid. Force nous fut de nous reposer un peu, et d'attendre l'heure du Prado que nous quittâmes pour aller au Cirque, salle de spectacle située sur *la plaza del Rey*. Là, nous entendîmes chanter le deuxième acte de *la Vestale* de Mercadante par une assez bonne troupe italienne ; puis on joua un ballet tout à fait espagnol, *la Veuve capricieuse*. Rien de plus simple que l'intrigue ; rien de plus usé que les effets de scène... Eh bien ! le public de Madrid, moins blasé sans doute que le public parisien, riait aux éclats '... Du reste, il y avait très-peu de femmes, et la salle était pitoyablement éclairée !

Le lendemain, 14 août, pendant que j'étais allé revoir la garde montante au palais, ta mère entendait la messe dans un couvent de femmes, le seul qui, dit-on, ait été conservé. Il est de l'ordre religieux de Saint-Jean de Calatrava : les religieuses y chantent l'office ; une d'elles touchait l'orgue et accompagna médiocrement deux jeunes *monacas* dont les voix graves et belles, quoique rudes et peu exercées, produisaient un effet saisissant. Leur costume est fort beau : elles sont vêtues d'une large robe de laine blanche, traînante par derrière, rattachée autour de la taille par une cordelière ; une grande croix noire sur la poitrine ; puis, par dessus le bonnet et la guimpe qui entourent leurs visages, un chaperon noir et blanc : on les voit à travers une grille qui les sépare de la chapelle livrée au public.

Je ne te ferai point, mon fils, la nomenclature de toutes les chapelles que nous avons visitées ; Madrid n'a pas une seule église remarquable. Ce qui nous a le plus frappés, c'est l'usage encore existant de l'exposition des morts... Nous avons vu un jeune enfant de sept ans, vêtu de son plus joli costume, couché dans une petite bière ornée d'oripeaux et entourée de cierges. Son pâle visage était déjà envahi par les mouches ; ses mains jointes et couleur de cire tenaient un bouquet ; personne ne veillait ni ne priait auprès de lui !... Là, entouré de la foule, il me semblait plus seul que dans un tombeau, et je n'ai pu comprendre comment les mères espagnoles pouvaient consentir à cette ridicule cérémonie... Et cependant, mon fils, cela se paie !... *Por dinero*, nous dit une vieille femme qui regardait l'enfant comme nous.

Tout en parcourant les principales rues de Madrid qui sont belles, larges, droites, et qui aboutissent presque toutes à une espèce de place appelée *la Puerta del Sol* (la Porte du Soleil), nous avons vu la maison où Cervantes, l'immortel auteur de *Don Quichotte*, est mort, le même jour que Shakespeare, le 23 avril 1616 !... Une plaque en marbre noir, placée sur la maison de Cervantes, n'est pas le seul monument qui rappelle aux Espagnols une de leurs gloires nationales; sur une place portant son nom, on a placé de lui une jolie statue, près du palais des ducs de Madelæ.

Le *Buen-Retiro*, ancien palais des rois, est un médiocre château entouré de beaux jardins : c'est dans la partie réservée, appelée *las Delicias*, qu'on promène, toutes les après-dînées, Isabelle II et sa sœur.

Le 15 août, jour de Sainte-Marie, ma femme alla entendre la messe à la chapelle de la reine; elle rivalise pour la richesse des ornements avec celle de Versailles : comme dans cette dernière, on ne voit qu'or, marbres et peintures. L'office y fut fort long, et comme il fallut rester constamment à genoux sur des nattes, ta mère était épuisée de fatigue. Du reste, on ne voit point la reine à la chapelle; toutes les personnes de la cour sont dans des tribunes réservées que l'on ferme avec des grilles.

Nous voulions visiter Aranjuez, et comme il est situé sur la route de Valence, nous pensions pouvoir nous y rendre en voiture particulière... Mais hélas! mon enfant... on n'en est pas encore même à l'usage des *coucous* sur les routes des maisons royales !... La diligence deux fois par semaine, ou la poste !,.... qui nous demandait deux cents francs pour faire dix lieues !... Nous prîmes la première voie, ce qui nous força à quitter Madrid un jour plus tôt que nous n'en avions le projet..... Le domestique, qui nous servait à l'hôtel de *la Amistad*, était un Italien, ancien soldat de Napoléon; il avait fait une partie de la guerre de l'indépendance et parlait assez bien le français... Plus d'une fois, je l'avais lancé dans des conversations infinies sur le passé et le présent de l'Espagne, de cette Espagne si belle et si mal gouvernée !... On y a détruit les moines, repoussé Don Carlos, chassé Christine, et maintenant on aspire à renvoyer Espartero !... Ce sont des gens mal à l'aise, qui espèrent être mieux en se retournant !

Notre Italien nous adressa à Aranjuez, chez un de ses compatriotes tenant l'hôtel de *la Costurera* (la couturière). En quittant Madrid nous emportions un vif regret; nous n'avions pas reçu de nouvelles de France !... Nous nous arrangeâmes pour faire arriver à Valence celles que nous attendions.

Nous voilà donc partant, le 16 août à six heures du matin, pour Aranjuez!... Après deux heures de traversée dans un désert, la nature s'anime graduellement... « Bientôt, comme dit notre *Guide du « voyageur*, une charmante vallée se déroule, arrosée par une mul- « titude de jolis ruisseaux qui serpentent et qui fertilisent de vertes « prairies. De beaux arbres aux cimes majestueuses se balancent « dans les airs ; les eaux du Tage, au limon bienfaisant, opèrent cette « merveille. » Le Xarama, dans l'hiver, contribue aussi, je le pense, pour une petite part à cet arrosement : au mois d'août, nous avons vainement cherché sa trace; cependant je me doute qu'un magnifique pont de dix ou douze arches sur lequel nous avons passé, peut bien avoir été construit à son intention.

Notre maître d'espagnol mettait, tu le sais, mon cher enfant, les jardins d'Aranjuez bien au-dessus de ceux de Versailles..... Amour de la patrie, qui nous aveugle toujours! Pourtant, il faut l'avouer, aux jours de sa splendeur, quand la cour d'Espagne s'abritait sous l'ombre impénétrable des platanes et des ormes gigantesques de ses immenses allées, Aranjuez devait être charmant. Nous passâmes deux jours à nous promener dans ses jardins, ou à visiter son château ; là, nous oubliions tout... excepté nos enfants et nos amis!...

Le palais d'Aranjuez n'a rien de remarquable ; il n'y a plus que de médiocres peintures, d'anciens fauteuils, et des pendules de tous les modèles connus. Du temps de l'Empire, le dernier roi, père de Ferdinand VII, avait ce goût ou plutôt cette manie des pendules ; il y en a jusqu'à *six* dans le même salon. Du reste, il n'y a que des salons... ni lits, ni places pour les mettre... Quelques souvenirs des dernières reines m'ont intéressé : l'oratoire de Maria-Luisa, de cette coupable femme qui sacrifiait à son favori Godoï ses enfants et ses sujets... La chaise sur laquelle s'asseyait Marie-Christine... dans l'appartement de don François de Paule, un portrait d'après Gros de la duchesse de Berry et du duc de Bordeaux... puis, celui de don Carlos et de sa première femme... Ces deux têtes sont ignobles : la princesse surtout a l'air féroce... Notre *cicerone* nous dit qu'elle était fort méchante, et qu'elle châtiait elle-même ses enfants.

Nous avions facilement obtenu la permission de visiter le château et les jardins ; l'administrateur y avait joint un billet avec lequel nous devions être reçus à la maison du Laboureur (*Labrador*), rendez-vous de chasse à un quart de lieue d'Aranjuez : nous nous y rendons en calessine avec une chaleur de four à plâtre, comme dit fort bien Théophile Gautier; et là, nous tombons dans un guet-apens dressé par l'administrateur et ses subalternes; mais leur fourberie était si grossière que, révoltés de leur mauvaise foi, nous avons trompé leur rapacité (1). Se proposant de nous rançonner, l'administrateur nous avait donné une permission *sans date*, avec laquelle son domestique était allé nous attendre à la porte de la casa du *Labrador*. « *Sans date*, « nous disait-il, on ne peut vous laisser entrer! » Nous étions si sûrs d'être attendus, que cette résistance d'abord nous exaspéra... Puis, quand nous eûmes compris qu'il fallait un gâteau à ce cerbère, nous fûmes tellement indignés, qu'à notre tour nous fermâmes, non la porte, mais les cordons de notre bourse, et que nous tînm... jour vus les cinq ou six salons garnis de pendules de *la Casa de* ... Les jardins, que nous parcourûmes sans permission, sont adm... , plus beaux, plus frais, mieux entretenus que ceux du château... Je ne sais comment on a le courage de les quitter!...

L'hôte du *Parador de la Costurera* est Italien, ancien garde royal du roi Joseph, et il a fait la guerre de l'indépendance. Chassé de l'Espagne par la guerre, il y a été ramené par l'amour. Il avait connu à Tolède Jacoba, jeune Espagnole, petite de taille, mais aux longs cheveux, et surtout aux longs yeux... La patrie est aux lieux où l'on aime et où l'on est aimé!... Notre Italien revint à Tolède, non plus monter la garde devant le palais des rois, mais fort exactement près des casseroles et des alambics où il fabriquait liqueurs et confitures. J'ai cru comprendre, à travers ce récit fait en espagnol par la belle-mère de notre hôte, que Jacoba participait à la confection de ces douceurs... Je pense qu'ils en disaient autant qu'ils en faisaient... Conclusion!... La même que celle de tous les contes des fées!... Ils se marièrent, et eurent beaucoup d'enfants... C'est-à-dire (mais ici point d'hyperbole) ils en eurent quatorze!... Une charmante jeune fille, nommée Paula, nous dit les noms de ses treize sœurs ou frères. Nous avons fait la conquête de cette famille, et nous sommes partis le 18 août, emportant leurs remerciements, leurs baisers, ainsi que les bénédictions de l'aïeule.

(1) Cet administrateur est un franc voleur!.. Il a fait arracher les arbres qui ombrageaient la principale place d'Aranjuez, pour les vendre six francs la pièce. Il a, du reste, deux jeunes filles jolies comme les vignettes de Devéria... L'aînée avait fait à ta mère cet accueil gracieux, amical, qu'on ne connaît pas en France. La prenant par la main, elle la conduisit sur un canapé de paille, et, à défaut de pa-roles, lui adressait des regards et des sourires, comme à l'amie la plus chérie.

On déjeuna ce jour-là à Ocaña et si mal que ta belle-mère s'en plaignit; c'était, je crois, en plaisantant... Malheureusement ses plaisanteries furent entendues par le chef de cuisine, jeune garçon de dix-huit ans, dont l'amour-propre blessé s'exaspéra jusqu'à la fureur. Nous ne comprenions pas très-bien ses injures; mais je sais fort bien que, les yeux fixés sur ses mains, je surveillais tous ses mouvements, craignant à chaque instant que le couteau de la cuisine ne vengeât sur ma femme l'injure faite au marmiton.

En quittant Ocaña, ville ruinée et remplie de mendiants, nous traversâmes le champ de bataille où se donna le combat qui ouvrit à Joseph les provinces de la Manche et l'Andalousie. L'immense plaine que l'on traverse se nomme *la Mesa*, la table d'Ocaña; la route est d'une monotonie désespérante, et les souvenirs de Don Quichotte ne parviennent même pas à l'égayer. Nous traversons Quintanar de la Orden, et à sept heures on s'arrête à la Ronda; en même temps on nous avertit qu'on en repartira à dix, et cette courte station s'appelle *coucher toutes les nuits*.... C'est du moins le langage des messageries Ferrer et comp. Nous renonçons à souper, pour nous reposer le plus longtemps possible; mais, tourmenté de l'idée qu'on pouvait nous laisser dans cette *venta* si triste, je me réveillais à chaque instant en attendant le départ de la diligence.

Le 19 août, la route redevint pittoresque et nous passâmes devant le fort de Chinchilla.. On s'arrête une demi-heure dans la ville d'Albacete, où l'on vend des couteaux de la forme la plus primitive et où nous buvons de la délicieuse limonade glacée. Bien avant la nuit, on s'arrête encore pour coucher (style Ferrer!) à *El Bonete* (le Bonnet)... C'est une des *ventas* dont la physionomie se représente le plus vivement à ma pensée!.... La soirée était enivrante; notre chambre était embaumée..... Une botte énorme de lavande la parfumait de son odeur si commune en France.... Ta mère en prit des poignées, en garnit ses poches, son sac de nuit, et maintenant cette odeur évoque encore pour elle le souvenir de *la venta del Bonete*. Ce parfum des plantes balsamiques est fort ordinaire dans les maisons comme dans les plaines monotones de la Manche; nous en jouissions à chaque réveil, et Dieu sait combien de fois l'on se réveille en diligence, lorsqu'on a le bonheur d'y dormir.

En quittant *El Bonete*, à dix heures du soir, nous devions passer vers minuit (belle heure pour les voleurs!) à Almanza, parages où quinze jours auparavant deux diligences avaient été dévalisées.... Il est vrai que cela s'était fait avec toute sorte d'égards.... Le chef de

la bande (ils étaient cinquante!) avait fait placer à l'ombre les femmes, pendant qu'on procédait à la visite des effets.... Ce récit très-
véridique, sans nous effrayer précisément, chassa cette nuit-là le
sommeil de nos paupières. Nous nous étions arrangés pour une ren-
contre.... J'avais dans ma poche la part des voleurs; ta mère avait
caché le reste de notre or de façon à le soustraire à une recherche
ordinaire; enfin toutes nos précautions étaient si bien prises qu'à
notre grand désappointement il ne nous arriva rien du tout!... Mais
ne voulant pas en être pour ses frais d'imagination, ta mère se donna
toute seule un bon petit moment de frayeur..... à quatre heures du
matin, il faisait nuit encore; on s'arrêta pour prendre le chocolat dans
un immense *parador*, isolé de toute autre habitation. Le rez-de-
chaussée était comme à l'ordinaire une grande écurie où dormaient
pêle-mêle bon nombre de chevaux, de mules, de zagals et de *muchachos*..... Il fallait louvoyer au milieu des bêtes et des gens pour
ne pas leur marcher sur le corps..... Les autres voyageurs ne nous
ayant pas suivis, on nous conduisit et on nous laissa seuls dans une
immense salle à manger où je ne tardai pas à m'endormir accoudé
sur la table.... Ma femme, qui n'avait pas fait si bonne garde pour
voir s'évanouir tout le pittoresque de l'arrivée des bandits, resta fort
bien éveillée, et tout en attendant le chocolat se fit à elle-même son
petit roman, ou plutôt elle se rappela les premiers contes de son en-
fance, où le héros attiré dans une hôtellerie voit la tapisserie se sou-
lever lentement, et sortir d'une porte dérobée d'infâmes brigands,
tous masqués et armés jusqu'aux dents..... Le chocolat et l'arrivée
des voyageurs mirent fin à ce cauchemar!.....

Mais je ne t'ai rien dit de ces derniers... Ils étaient peu distingués;
un seul cependant faisait exception... c'était un grand jeune homme,
fort élégant, et avocat à Valence, à ce qu'il nous dit en assez bon
français.... Il débuta par nous faire beaucoup de politesses; puis
tout à coup ses manières changèrent, devinrent froides et contraintes.
A quoi l'attribuer? Nous l'ignorons. Peut-être acceptai-je trop facilement un cigarre qu'il m'offrit; peut-être ta belle-mère eut-elle le
tort de refuser le trèfle d'une volaille très-élégamment découpée et
dont il lui fit hommage avec emphase en nous disant que c'était le
morceau offert en Espagne à la dame de ses pensées. Du reste le
pauvre garçon avait essuyé un refus bien plus sérieux. « M. B........,
consul français à Valence, avait, nous dit-il, une fille charmante.....
J'ai demandé sa main et je ne l'ai pas obtenue!... » Pour notre lion

valencien, cela paraissait bien plus miraculeux que mortifiant, et je suis sûr qu'il regarde les Françaises comme des péronnelles incapables d'apprécier le beau et le bon!....

Le 20 août, à neuf heures du matin, on nous fit descendre de voiture pour traverser en bateau la Xacar, rivière étroite et profonde qui borde et qui limite de ce côté le royaume de Valence..... Une rivière avec de l'eau!.... Un bateau!.... Il nous sembla revoir un compatriote, une ancienne connaissance. Le jardin (*la huerta*) de Valence commence sur ces bords..... Tu sais peut-être, mon cher ami, que la fertilité de cette province est due non-seulement aux rivières qui la traversent, mais surtout au mode des irrigations inventées par les Arabes et habilement entretenues jusqu'à nos jours. L'eau, dirigée et assez équitablement répartie dans toute la plaine, arrose régulièrement les immenses rizières, les champs de maïs et les prairies qui donnent par année jusqu'à quatre récoltes. Rien ne peut donner une idée de ces tapis de verdure coupés par des bois de mûriers.... Les grenadiers, ornés de leurs fruits entr'ouverts, les orangers hauts comme nos ormes, les caroubiers d'un vert-noir dont les branches chargées de longues cosses traînent à terre comme des saules pleureurs, enfin quelques palmiers qui se dressent comme des géants au milieu de la foule.... Tout dans cette végétation si riche, si puissante, si nouvelle pour des Français, nous transporta d'admiration. Les laborieux Valenciens portent pour tout vêtement une chemise de toile écrue dont le bas, formant culotte, a l'aspect d'un jupon écossais....... On les aperçoit çà et là répandus dans ces belles campagnes... Les villages fort nombreux sont propres et riants; une fabrique de faïence, près de Valence, fournit une espèce d'ornements fort répandue; ce sont des plaques plus ou moins grandes, à peu près comme celles qui garnissent nos fourneaux, représentant grossièrement des images de sainteté; on en met à l'intérieur aussi bien qu'à l'extérieur des maisons.

Comme dans toute l'Espagne et, je pense, dans tous les pays chauds, la population des villages vit dehors; femmes et enfants travaillent, jouent ou se reposent sur le seuil de la porte... Les cheveux des Valençaises sont retenus par de longues épingles à tête dorée; leurs bras nus, leurs tailles toujou gracieuses, leurs yeux noirs et vifs, ces yeux arabes de leurs ancêtres, tout cet ensemble enfin qui de près ne supporte pas l'examen en détail, vous fait, sous ce beau ciel, au milieu de ce jardin embaumé, l'illusion la plus complète.....

On se croit entouré des Térésa, des Inès, des Mariquita si souvent chantées, et l'on s'attend à chaque instant à leur voir danser ces boléros, ces cachuchas qui nous enchantent à l'Opéra.

Hélas ! mon cher enfant, guitares et castagnettes ont disparu avec les moines, quoiqu'il ne parût pas y avoir entre eux des rapports bien visibles.... Nous sommes arrivés tout juste à temps pour voir encore la mantille, qui, elle aussi, s'en va comme le reste, à ce que l'on dit !.... Les journaux, les modes françaises et les marchands lui font une guerre à mort.... car ils sont fort répandus, et les gravures de *la Sylphide* ornent toutes les boutiques des coiffeurs !...

A deux heures après midi, nous entrâmes dans Valence (*Valencia del Cid*), car cette ville fut le théâtre des exploits du grand capitaine : ville mauresque, aux mille rues étroites et peu longues qui se croisent en tous sens et en font un véritable labyrinthe, un réseau aux mailles les plus serrées. « Il faut au moins un mois de séjour pour se guider seul et retrouver son logis dans ce dédale, » nous dit un compatriote dont je te parlerai plus tard. A Valence, nous eûmes de la peine à nous loger !.... L'Espagne est si peu visitée que rien n'y est préparé pour les voyageurs ; il n'y a qu'un hôtel, je ne dirai pas commode, mais habitable dans tout Valence, *la Fonda de las diligencias, plaza de Villarasa*... et encore, grand Dieu, quelles chambres ! quel ordinaire ! quelle saleté et quelle odeur nauséabonde dans le pays des orangers !... J'ai beaucoup souffert de la chaleur à Valence... chaleur humide et qui m'avait fait éprouver les mêmes effets en 1834..... Je retrouvais ici les souvenirs de ce premier voyage et je pouvais servir de *cicerone* à ma femme.

Dès le jour de notre arrivée, nous allâmes au Grao, village à un mille de Valence sur le bord de la mer ; on fait ce trajet en tartane, petite voiture ressemblant trait pour trait à nos charrettes de blanchisseuses. A Madrid, le bruit d'une voiture vous fait courir à la fenêtre ; à Valence, on ne sait ce que c'est que marcher : le plus petit trajet se fait en tartane : on en trouve de louage à tous les coins de rue, sur les places, aux promenades et sur les bords de la mer ; on les prend à l'heure ou à la course.... Il y en a qui reçoivent plusieurs personnes, comme nos *omnibus;* tous les gens un peu aisés ont leur tartane, qui, mieux suspendue et plus ornée, se distingue facilement des autres. La famille la plus nombreuse s'y place aisément ; les femmes ne font pas la moindre toilette pour sortir de cette façon ; bras nus, tête nue, elles ne jettent pas même la mantille sur leurs épaules !

Les parures sont réservées pour le soir, à *l'Alaméda*, cette promenade qui, dit-on, est sans égale au monde. Les dames de Valence préfèrent *la Gloriette*, délicieux petit jardin, tout planté de fleurs et d'arbres odoriférants.

L'Alaméda borde le Guadalaviar, qui lui-même coule au pied des murs de Valence... Du reste, entendons-nous sur cette assertion de tous les guides en Espagne !... Ce Guadalaviar, traversé par je ne sais combien de magnifiques ponts, n'a pas une seule goutte d'eau entre ses rives.... Pour être justes envers tout le monde, nous devons ajouter qu'en ceci il n'est pas aussi coupable que ses confrères de la Castille.... car son eau, on la lui prend pour les irrigations de *la huerta*, tandis que les autres se dispensent d'en avoir, excepté les jours d'orage.

Mais je m'éloigne de *l'Alaméda*, pour médire de ces pauvres fleuves espagnols... Je reviens à mon sujet. *L'Alaméda* est une magnifique promenade, dont une des allées s'étend jusqu'au bord de la mer ; c'est la route du Grað.... Trois fois nous y sommes allés à ce Grað ; nous y avons même passé toute une journée, sans pouvoir nous lasser de la contemplation de cette mer immense et magnifique, légèrement ridée par la brise et dont les courtes vagues scintillent au soleil comme des diamants !....

Assis devant une des cabanes de paille où les baigneurs se déshabillent, nous parvînmes à causer avec un des gardiens ; tu penses bien qu'il sut nous décider à prendre un bain... Me voilà donc dans la mer, où je trouvai un Corse parlant très-bien le français... mais ce bain délicieux, je l'ai payé par une courbature qui m'a fait beaucoup souffrir... Ta mère, plus heureuse que moi, a eu le plaisir sans la peine... La petite fille de mon baigneur vint la chercher pour la mener à l'établissement des femmes ; et dans le bain, une charmante jeune fille qui, d'une main, soutenait déjà sa mère, lui tendit l'autre pour l'aider à résister à la lame... Sur la plage, nous dînâmes sous une tente dressée par une espèce d'aubergiste ; c'était un grand et gros homme, ci-devant marin, aujourd'hui spirituel et roué, mais amusant comme Figaro : « Vous pouvez manger ici, « *de confianza*, nous dit-il ; c'est moi qui apprête !... » Puis chaque mets, mystérieusement présenté, semblait être réservé par le rusé Valencien pour des palais dignes d'apprécier ses talents... Il nous conta, avec une emphase tout espagnole, qu'il était propriétaire d'une maison *muy hermosa !...* Ceci, en faisant voir sa tente, est *una casa del campo.*

Dans le lointain il nous fit voir les lacs d'*Albufera* donnés en majo-rat par l'Espagne au seul des lieutenants de Napoléon qui ait su se faire aimer par ce peuple momentanément conquis. Près des lacs en question sont des bois d'orangers où l'on récolte les pommes d'or, vendues ici à vil prix, mais qui brillent de tant d'éclat dans le passage Choiseul. Au moment où nous étions à Valence, mon cher enfant, la saison de ce fruit si recherché en France était si bien passée, que nous avons eu de la peine à nous en procurer ; les raisins au con-traire étaient abondants et délicieux ; aucune de nos espèces ne peut en donner une idée.

Grâce à un Français établi à Valence, et nommé Laurence, nous avons fort bien dîné dans cette ville ; ses salons peu élevés, petits, enfumés, mal éclairés, ne donnent aucune idée d'un établissement public. *Le garçon* qui nous servait, ce jour-là, étant Portugais, ne comprenait pas plus les quelques mots de castillan que nous écor-chions à ses oreilles, que notre langage maternel auquel nous reve-nions sans cesse. Désespérés de ne pouvoir nous comprendre... Il eut l'excellente idée d'appeler à son aide un convive qui nous servit d'interprète et dont la conversation piquante nous fit, deux jours de suite, trouver très-courte l'heure de nos repas.

M. Spech ou Scop se dit Français ; on assure qu'il est Italien. Il me semble, à moi, que son ramage se rapporte plus à ce dernier plumage... Arrivé en Portugal avec don Pedro, il a passé de la légion étrangère au service de l'Espagne, et il a fait campagne contre Ca-brera... Ce dernier est devenu le héros de son imagination, et tout en nous contant ses actions les plus cruelles, il semblait faire son panégyrique... En voici un exemple entre mille : « Cabrera, nous « dit-il, entre un jour dans une maison et fait servir un déjeuner « pour lui et pour son neveu qui l'accompagnait... c'était à une « époque où, pressé par les christinos, il semblait n'avoir d'autre « ressource qu'une prompte soumission. La conversation fut longue, « calme et intime entre les deux parents ; après le dessert, Cabrera « se lève de table sans la moindre émotion, son neveu le suit en sou-« riant : Prenez cet homme et fusillez-le, dit Cabrera aux soldats qui « lui servaient d'escorte... Et cela fut fait comme il l'avait dit. — « Et pourquoi ?... Et comment ?... nous écrions-nous !... — Ah ! nous « répond tranquillement M. Scop, c'est que Cabrera avait cru voir dans « la conversation de son neveu une secrète envie de se rendre !... »

La vie des hommes est comptée pour peu de chose à Valence !... On tue encore fort lestement son ennemi, et on le tue souvent avec impunité... La justice, déjà fort relâchée dans tous les états de l'innocente Isabelle, est ouvertement inique dans cette province... Avec de l'argent on arrête les poursuites contre les crimes particuliers!... avec de l'argent, on suspend toute espèce de jugement dans les affaires civiles!... Les habitants du village qu'habite M. Scop ont entre eux un procès qui est commencé depuis longtemps ; on n'en prévoit pas la fin, et les juges ont déjà reçu des deux parties plus de 50,000 francs!... Au milieu de cette corruption, un tribunal exceptionnel a conservé toute son intégrité. Le tribunal de *las Aguas*, institué, comme son nom l'indique, pour connaître de tous les délits qui concernent la distribution des eaux, a ses séances une fois par semaine, sur une des places qui entourent la cathédrale... Les juges, pris parmi les plus anciens cultivateurs de *la huerta*, écoutent les parties plaidant elles-mêmes leur cause ; puis ils entendent les témoins et rendent leurs arrêts dont il n'est pas possible d'appeler. Avocats et procureurs n'ont ici rien à faire ; mais on ne vous assure pas, je pense, contre les coups d'escopette ou de couteau, substitués en Espagne à la cour de cassation.

Tout en nous parlant des affaires publiques, M. Scop nous a aussi dit quelques mots des siennes ; il s'est marié à une Espagnole qui était orpheline et propriétaire du château qu'ils occupent..... Jeune fille, elle habitait *Murviedro* avec une vieille tante ; Scop, alors capitaine christino, alla chez ces dames en logement militaire, « et lors- « que je changeais de garnison, nous dit-il, j'emportais la femme « dans les bagages. »

On dit que les Valençaises sont fort belles ; mais nous en avons peu vu... Toutes les personnes comme il faut quittent Valence dans l'été ; beaucoup vont s'installer au Grao pour prendre les bains de mer. Nous avons vu pourtant trois ou quatre jolies femmes au spectacle : on jouait un nouveau drame, *Marcellino le tapissier;* nous comprenions à merveille, et l'intrigue n'était pas sans intérêt. Le jeune premier était bel homme ; tous les autres hideux, et la première amoureuse tellement louche, que pendant trois actes nous l'avons crue borgne. La salle est vaste, fort peu décorée, et horriblement éclairée ; du reste, cette obscurité des lieux publics est générale en Espagne, et personne ne s'en plaint. Est-ce qu'on est fatigué de l'éclat du soleil? ou bien renonce-t-on à lutter avec lui? Cependant une compagnie française a entrepris d'introduire le gaz dans la Péninsule... Valence sera, dit-on, après Barcelone, la première ville inondée de sa lumière, et nulle n'en doit mieux sentir la nécessité! Il est peu sûr, n'a-t-on cessé de nous répéter, il est peu sûr de se hasarder après neuf heures du soir dans des rues étroites et non pavées où le bruit des pas se fait à peine entendre. On ne sort pas la nuit sans être armé, et même dans le jour la canne fait partie de l'habillement... Nous avons vu le cuisinier de notre hôtel la prendre pour aller au marché, et le garçon ne pas vouloir, sans la sienne, nous mener à l'établissement des bains qui était à cent pas de notre logement.

Les églises de Valence sont encore plus surchargées d'ornements, s'il est possible, que toutes celles que nous avions vues précédemment... La cathédrale serait, je crois, d'un aspect imposant, si la nef principale n'était coupée par le chœur... Cette habitude, qui est un véritable barbarisme, existe presque partout. L'exposition des morts dans les églises est fort en usage... Une jeune et belle fille, de la classe que l'on nomme *grisettes*, à Paris, mourut il y a peu de jours... Voyant approcher sa fin, mais tenant encore à ce qu'elle avait sans doute le mieux aimé, elle, demanda à être exposée dans l'église, sa paroisse... et cela, vêtue de ses plus beaux habits... Ordinairement on recouvre les morts d'un costume de moine ou de religieuse... Il était assez naturel que le clergé se refusât à une demande aussi bizarre et presque scandaleuse ; cependant l'exécuteur testamentaire l'emporta!... et la folle Valençaise livra encore une fois aux yeux de la multitude, mais cette fois sans la séduire, ses petits pieds, ses jambes fines, son sein et ses bras nus dont la transparente mantille ne parvenait pas à voiler la pâleur cadavéreuse.

Les cloches de la cathédrale sont dans une tour assez originale appelée *Micalete;* son élévation est égale à sa circonférence. Le haut se termine par une terrasse d'où s'élance une tourelle d'une petitesse infinie. Du haut de cette terrasse, nous avons joui d'une vue délicieuse : *la huerta*, coupée çà et là par les villages et les nombreux monastères qui entouraient Valence; la mer à l'est, dans toute sa majesté, puis sous nos pieds la ville dont les rues principales se déploient comme d'étroits rubans autour de maisons tellement rapprochées qu'on n'en distingue pas les petites divisions... Seulement les clochers des quinze paroisses et des quarante-cinq couvents que contient Valence s'élancent de cette masse compacte, comme dans une rade trop garnie les grands mâts des frégates et des vaisseaux de guerre.

Maintenant, mon cher enfant, tous ces couvents sont fermés, et presque toutes ces églises désertes. Valence, plus révolutionnaire que toute autre ville d'Espagne, a chassé sa reine et ne prie plus son Dieu; et pourtant il me semble que ce peuple d'enfants mutins courrait encore aux pieds des moines s'agenouiller et courber son front dans la poussière, si l'ombre de Philippe II ou celle de son grand inquisiteur lui apparaissait de nouveau!... La veille de notre départ de Valence, nous étions allés voir M. Flury, consul de France, aimable et charmant jeune homme, doué d'une exquise politesse, et nous avions trouvé chez lui un Français, établi depuis peu dans la province pour l'exploitation des mines de zinc, qui sont abondantes dans les montagnes de *Cuença*.

Là, M. Jules L.... nous avait dit qu'il partait pour Barcelone par la même diligence que nous, et dans le même compartiment; vu l'élévation de la température, cette circonstance nous contraria d'abord, mais l'esprit et les bonnes manières de notre compagnon de route la changèrent bientôt en plaisir. Ce plaisir-là fut loin de se faire sentir au moment du départ!... Il était trois heures après midi; un certain vent de je ne sais quel point cardinal, soulevait une poussière brûlante dont on ne se garantissait qu'en fermant les glaces et en étouffant dans un coupé trop étroit pour trois personnes. Je souffrais horriblement de la sciatique que m'avait donnée le bain de mer du Grað, et ce n'était pas sans effroi que j'envisageais deux nuits passées hors de toute espèce de lit. Je n'admirais guère la beauté de la route qu'on suit pendant onze lieues.

Dans cette route, on passe devant le monastère de *San-Miguel de los Reyes*, au nom pompeux duquel répond l'aspect imposant de son extérieur. On traverse plusieurs villages et je ne sais combien de ponts, tous plus inutiles les uns que les autres; puis partout des moissons de maïs, couvrant la terre pour la troisième fois de l'année, les arbres verts comme le sont ceux de France au mois de mai, et enfin, le long des canaux, les roseaux à l'ombre élevée desquels toute une caravane trouverait un abri suffisant pour les hommes et pour les bêtes. Dieu merci! le vent baissait avec le soleil, et la poussière diminuait... Grâce aux bons soins de M. Jules L.... qui avait entouré mes reins de sa cape catalane, je souffrais enfin un peu moins... Au premier relai, nous nous étions rafraîchis avec cette espèce d'orgeat glacé qu'on fabrique en Espagne dans le plus misérable village et qui fait une boisson délicieuse... La conversation était tout à fait en train, et nous recueillions de la bouche de notre compatriote les plus curieux détails sur le pays que nous parcourions.

Cette politique cruelle et surtout dénuée de toute apparence de justice que nous reprochions au régent ainsi qu'à Zurbano, son digne lieutenant, ne paraissait pas aussi répréhensible à M. L... qu'à nous; il avait été témoin d'une mesure assurément fort arbitraire, mais qui pourtant avait eu de bons résultats.

Après la révolution qui chassa Christine des états de sa fille, une bande de révolutionnaires armés, mais non avoués par le gouvernement, prenait, au coucher du soleil, possession des rues de Valence, et y commettait impunément assassinats, vols, etc., etc. Les tribunaux et la police de la ville, qui s'entendaient probablement avec ces promeneurs nocturnes, à moins que les alcades et les corrégidors n'en fissent partie, déclarèrent au général Chacon que les coupables échappaient à toutes leurs recherches. Alors le commandant de la province se chargea lui-même de la police; chaque soir un peloton de cavalerie s'embusquait dans quelque coin de la ville et tombait à l'improviste sur la bande républicaine... On en prenait deux ou trois bandits qu'on fusillait au lever du soleil, après une heure ou deux passées en chapelle (*en capilla!*) D'interrogatoires, d'avocats, d'accusation, de défense, pas un mot!... Justice sommaire et expéditive, mais qui porta les meilleurs fruits!... Car depuis un an, nous dit M. L..., on ne parle que rarement d'attaques de ce genre... Néanmoins et tout récemment encore, pendant l'hiver de 1841-1842, je ne me retirais jamais du bal (et il y en a beaucoup à Valence !) sans être muni d'un pistolet... Chaque homme, en entrant dans la maison où on le reçoit, remet au domestique ses armes avec son manteau... Et plus d'une fois, en regagnant sa demeure, un bruit de pas, quelque légers qu'ils soient, sur le sol non pavé de la cité du Cid, fait battre le cœur du danseur le moins poltron et le plus occupé des yeux noirs qu'il vient de quitter... On arme son pistolet; on le dirige vers l'ombre qui s'avance; cette ombre, mue par la même sensation, fait absolument la même manœuvre... avance, avance... et lorsqu'elle se trouve face à face, éclate de rire en reconnaissant dans *le ladron* l'ami avec lequel elle a fumé le matin un cigare de la Havane dans les allées de la Gloriette.

Notre compagnon de voyage nous entretint ensuite d'une espèce de brigands que nul récit de voyageur ne nous avait fait connaître. *El Baratero* est un prolétaire, habile à jouer du couteau, qui s'établit dans les foires et marchés; fermier des jeux, pour ainsi dire, il vit joyeusement de l'impôt qu'il prélève sur les joueurs, uniquement par le droit du plus fort... Enveloppé dans sa cape, il s'approche à pas lents, et noblement drapé, du rassemblement où l'on manie les tarots, plante dans la table la pointe de son long couteau, et attend que le sort ait désigné celui avec lequel il doit partager les bénéfices de la partie... Qu'y s'y refuse doit se battre avec le *baratero*, et rarement on accepte cette espèce de duel.

Cependant, il y a peu de mois que le soir d'une fête aux environs de Valence, un joueur de mauvaise humeur répondit à l'appel d'un fameux *baratero* en plantant son poignard à côté de celui du matamore.... Puis, il gagna la partie, mit tout l'or dans son sein, saisit son arme et cria au brigand : « Allons, viens !.... Prends, si tu le « peux, ta part avec mon sang !» La fortune n'abandonne pas celui à qui elle venait de sourire et le *baratero*, mortellement blessé, tomba aux pieds du brave Catalan.....

Nous relayâmes aux mezones de Puzol... Peu après avoir quitté cette petite ville on découvre,.... ou pour mieux dire, on vous assure que vous voyez *à droite, à gauche, là-bas*.... etc.... les ruines de *Sagonte* aujourd'hui *Murviedro*.... Oui, *de Sagonte*, mon cher fils, dont la fondation remonte à deux cents ans avant la guerre de Troie, *de Sagonte*, l'alliée de Rome, l'ennemie de Carthage, dont les habitants résolurent de s'ensevelir sous les ruines de leur patrie plutôt que de courber le front sous le joug d'Annibal.

Aujourd'hui Sagonte n'est plus que Murviedro, petite ville sale et mal bâtie dont la population ne s'élève pas à 6,000 âmes ; la diligence ne traverse que l'un de ses faubourgs, et nous regrettâmes de ne pouvoir nous y arrêter au moins une heure ; nous aurions eu le temps de visiter les ruines d'un théâtre assez bien conservé, contenant, dit-on, 8,000 spectateurs ; nous aurions pu voir aussi celles d'un cirque qui avait 260 pieds de large et 1,000 de long.

Après Murviedro, nous traversâmes Nules ; c'était le 24 août, jour de saint Barthélemi !.... Nous eûmes le bonheur de tomber au beau milieu d'une solennité religieuse, d'arrêter et de traverser au pas de nos mules et de nos chevaux une procession de deux mille personnes.... Les hommes hauts de taille et de contenance, à la peau jaune, à l'œil étincelant, marchaient tête nue, drapés dans leur cape et tenant un cierge à la main.... On eût dit des Maures pur sang, presque des Bédouins.... Ils ressemblaient à de nouveaux convertis se rendant à la cérémonie royale d'un *auto-da-fé*. Dieu merci, nous ne rencontrâmes pas le bûcher, mais la statue de l'apôtre dont on célébrait la fête à Nules ; elle était portée et entourée par un clergé assez nombreux.... Les femmes complétement voilées, ou, pour mieux dire, couvertes de la tête aux pieds par un long vêtement noir, fermaient la marche.

Murviedro, mon cher enfant, nous avait replongés dans les classiques, les Grecs, les Romains, Homère et Virgile.... Nules évoquait pour nous les Maures et leurs vainqueurs; puis nous trouvâmes à Villaréal une ville toute moderne, rebâtie par Philippe V au dix-huitième siècle, après la guerre de la Succession.

Pendant ces réflexions, mon bon Charles, la nuit vint.... nuit brillante, nuit d'argent, illuminée par des milliers d'étoiles étincelantes... que la lune s'élevant du sein de la Méditerranée ne fit pas pâlir.... seulement elle éclaira si bien notre marche que je crois connaître les côtes de cette partie du golfe de Valence aussi distinctement que si nous les avions parcourues en plein jour.... La route est bornée à gauche par de hautes montagnes, et la transparence de l'air les rapproche à tel point qu'on croit presque y toucher.... Du reste, elle suit presque toujours le bord de la mer; parfois elle en approche tellement que les courtes lames que j'entendais clapoter ne me semblaient arrêtées que par les roues de la voiture et par les pieds de nos chevaux qu'elles venaient baigner.... L'air était tiède, rafraîchi seulement par l'absence du soleil et embaumé par une légère odeur de marine; car cette odeur trop âcre sur les galets sans cesse bouleversés par l'Océan furieux, est un parfum enivrant sur ces côtes fertiles où le caroubier et l'olivier trempent leurs rameaux dans l'eau salée de la Méditerranée!....

Cet air si doux qu'on se rappelle, comme un souvenir de bonheur, n'était pas agité par le plus léger zéphyr; le silence de ces pittoresques solitudes n'était troublé par aucun bruit; plus de villages, pas de maisons; bref, la contrée devenait tellement sauvage, tellement propre à un coup de main, que je commençais à penser aux *facciosos ladrones*.... Au réveil d'un de ces courts et légers sommeils que les postillons interrompent à chaque instant en admonestant leurs mules rétives ou paresseuses, je vis trottant à nos côtés un cheval et un cavalier.... Je reconnus bientôt que nous étions entourés par une légère escorte de lanciers échelonnés sur la route par les soins de Zurbano.... Ta belle-mère trouva que cela donnait bon air à notre voiture; que nous pouvions nous croire rois et reines, entourés de nos gardes du corps, et qu'à tout prendre, l'oppresseur de la Catalogne était fort poli pour les voyageurs.

Nous parcourions, mon cher enfant, une terre remplie de souve-

nirs ; nous traversâmes Vinaroz, ville de dix mille âmes, où mourut
en 1712 le duc de Vendôme, qui avait servi avec valeur et avec succès
la cause de Philippe V... Je crois que ce grand homme mourut dans
cette ville, près de laquelle nous remarqu   dans la campagne
et sur le bord de la route une petite églis , o   lutôt une chapelle
fortifiée et entourée d'un fossé avec un pont-levis... Tout cela est
moderne... Nul doute que pendant la guerre de Cabrera on ne s'y
enfermât pour dire la messe et chanter les vêpres... Je suis sûr qu'a-
lors le danger apparent ou réel donnait aux fidèles cette ferveur qui,
exaltée par la persécution, faisait la force des martyrs.

A deux heures , nous nous arrêtâmes pour dîner à Amposta, ville
de peu d'importance, sur la rive droite de l'Ebre, que nous traversâmes dans un bac... A cet endroit, le courant du fleuve est si rapide
que, malgré les efforts vrais ou joués des mariniers, nous dérivâmes
fort loin du but, et que nous fûmes réduits à regagner à pied le port
et la voiture... Grand Dieu ! qu'il faisait chaud ! que de fois ce soleil
brûlant nous fit penser au passage sous la ligne !...

D'Amposta à Tarragone, nous ne rencontrâmes sur notre route que
des *ventas* isolées, dont quelques-unes étaient fortifiées... La nuit
vint, aussi belle que la précédente... Cependant l'absence complète
de poussière, une certaine fraîcheur dans l'atmosphère nous font
penser que probablement il a plu... Bientôt la route devient mauvaise ; les cahots sont si rudes que ta belle-mère s'écrie : « Est-ce
« que nous allons verser ?... Nous versons en effet, répond M. L... »
Et voilà notre voiture qui s'incline mollement sur le côté ; nous sor-
tons tous trois de notre coupé, assez peu effrayés de la chute.

Pour relever sa voiture, le conducteur employa le procédé le plus
simple : on attacha à l'impériale une corde sur laquelle toute l'assis-
tance appuya, et les mules, excitées par les coups de bâton, se char-
gèrent du reste... Chacun reprit sa place, et nous arrivâmes sans
autre encombre à un relai où l'on nous raconta, avec une chaleur
que nous prîmes d'abord pour de l'exagération, les désastres de
l'orage qui, le matin même, avait ravagé la contrée... Cet orage ,
changeant tout à coup en torrent furieux ce ravin desséché, avait
emporté les arbres, les maisons, les troupeaux et leurs gardiens,
qui s'étaient trouvés sur son passage... On attela à la diligence treize
mules ; deux postillons et deux *muchachos* furent chargés de guider
cet attelage fantastique... On fit faire aux voyageurs des évolutions
inusitées ; la voiture traversa seule un pont en arc-boutant, sem-
blable au *Pont-du-Diable* des ballades allemandes ; enfin nous par-

courûmes à pied sec, et très-sec, ce qui la veille était la grande route, et ce qui, deux heures avant notre passage, était un torrent. En nous rejoignant, la diligence versa une seconde fois ; l'opération de son redressement fut moins heureuse ; les traits cassèrent, et nous fûmes menacés d'un retard que la beauté de la nuit nous faisait envisager sans la moindre contrariété... Pendant tout le temps employé à remettre sur pied notre équipage, M. L... nous expliquait comment les *cactus* dont nous étions environnés donnaient une soie forte et brillante, et comment avec cette soie on fabrique des foulards aussi beaux que ceux de l'Inde, et qu'on nomme *mouchoirs de Pite*.

Arrivés à Tarragone, où l'on soupa, nous étions si fatigués que nous eûmes un instant l'idée de nous y arrêter en même temps que M. L...., qui devait y passer vingt-quatre heures. Ta mère en fut tentée encore plus fortement, lorsqu'à la place de notre aimable Français, toujours occupé de ce qui pouvait diminuer pour nous les fatigues du voyage, elle trouva installée dans le coupé une énorme *Señora*, tenant sur ses genoux une grosse petite fille de quatre ans.

Cette habitante de Tarragone allait voir à Barcelone un de ses fils, écolier dans un collége... Elle et sa petite fille faisaient ce voyage nu-tête, en manches courtes, en mitaines noires et l'éventail à la main ; la petite Carolina en jouait déjà à merveille.

A sept heures du matin, nous prîmes le chocolat à *Villa Franca de Panades* ; puis, entrés dans les montagnes, nous parcourûmes une admirable route, qui n'a d'égale en beauté que celle qui, dans les Hautes-Pyrénées, conduit de Pierrefitte à Barèges... Sur la cime de deux montagnes est jeté un pont élevé par Charles IV ; ce monument rappelle les grands et utiles ouvrages des Romains, et nous lui payâmes notre tribut d'admiration.

En quittant les montagnes, on arrive bien vite au pont de Molins del Rey, sur lequel on traverse le Llobregat ; là on rejoint la route de Sarragosse, qui devient bientôt la plus exécrable de toutes les routes, y compris celles de la basse Bretagne... Pendant trois heures nous fûmes moulus par les plus horribles cahots, aveuglés par la poussière, étouffés par la chaleur ; enfin le 26 août, à deux heures après midi, nous entrâmes à Barcelone, et nous trouvâmes, dans l'*hôtel des Quatre Nations*, l'*Eldorado* des voyageurs fatigués.

BARCELONE.

Nous eûmes le bonheur d'avoir dans cet *Eldorado* une chambre à l'entresol, dont le balcon donnait sur *la Rambla*, large rue plantée au milieu de deux rangs d'arbres, qui forment la promenade la plus fréquentée de Barcelone... Café, spectacles, courriers, diligences, hôtels garnis, tout ce qui attire les étrangers, les oisifs et les curieux, se trouve réuni en cet endroit. Ma femme ne voulait pas quitter ce délicieux balcon ; je l'entraînai sur le port... Il a, au mouvement près, quelques rapports avec celui de Marseille. Le nouveau quartier qui le borde est d'une magnificence qui peut se comparer aux constructions de la rue de Rivoli... Là est le palais du capitaine-général, la Bourse, un charmant jardin, miniature de celui que l'on nomme *Jardin des Plantes* à Paris... Une biche, un ou deux cerfs, quelques cygnes, des oiseaux dans une cage, et des poissons rouges dans un bassin figurent la ménagerie... Mais des orangers chargés de fruits et des fleurs charmantes nous embaumaient de leurs parfums.

Le premier jour tout cela fut vu d'un œil un peu fatigué, mon cher enfant... Ta mère aspirait au repos... On nous conduisit aux bains publics, établissement du meilleur goût, décoré dans le genre chinois, propre et bien servi.

Nous eûmes à l'*hôtel des Quatre Nations* un dîner somptueux qui sentait le Palais-Royal ; les garçons parlent français, et les lits sont pourvus de deux matelas... Tout ce sybarisme prolongea notre sommeil plus qu'il ne faut sous une latitude où le matin est la plus belle heure du jour... La musique militaire du corps qui venait relever la garde à la porte de Van-Halen, le piaffement des chevaux, les voix et les pas des promeneurs nous donnèrent, en nous éveillant, le regret d'avoir trop dormi ; l'affluence du monde était aussi grande à *la Rambla* qu'elle l'est sur le boulevard des Italiens... Les femmes s'y promenaient en toilette... Mais hélas !... quel mélange de couleurs !... que de morceaux de carton plus ou moins bien tournés par Baudran, ou dans les boutiques du Passage du Saumon !... C'est au milieu des mantilles que ressort jusqu'à l'évidence le ridicule du chapeau, de cette mode burlesque qui, bientôt cependant, riomphera jusqu'en Espagne, cette terre classique de l'élégance.

La mantille, à Barcelone, varie de couleurs et d'étoffes ; les jours de fêtes, les femmes du peuple la portent en laine noire, rouge ou blanche ; cette coiffure se rapproche du *capulet* des Pyrénées... habituellement les femmes des artisans, à Barcelone, nouent en marmotte un foulard sur leur tête ; elles sont en général admirablement bien faites, et j'ai vu des tailles de guêpes dont toute jeune personne parisienne eût été envieuse. Lorsque le soleil, en montant au zénith, eut obligé les lionnes barcelonnaises à chercher l'ombre derrière le rideau de leur fenêtre, nous nous lançâmes bravement, ta mère et moi, dans l'ancienne ville de Barcelone ; le soleil ne pénètre pas dans ces rues plus étroites que la plus obscure ruelle de la Cité à Paris, et pourtant celles-là sont aussi propres, aussi claires que celles-ci sont noires et infectes, tant l'air du midi est vif et pénétrant !...

Les nombreuses et assez brillantes boutiques qui garnissent les principales rues, attestent l'immense commerce de Barcelone ; en général chaque métier occupe un seul et même quartier, comme dans l'ancien Paris, et les rues en ont pris le nom... C'est ainsi que la rue où sont les bijoutiers s'appelle *calle de la Plateria*... celle des cordonniers, *calle de la Zapateria* ; mais ta mère fut fort surprise, lorsque après avoir mentalement répété la phrase avec laquelle, en entrant dans un magasin, elle demanda : *Zapatos para muger !*... il lui fut répondu : Madame, nous n'en avons pas comme vous les désirez... Généralement, à Barcelone, on parle français dans tous les endroits où les étrangers ont affaire.

La cathédrale est grande, régulière, imposante et sombre, mais d'un sombre à rappeler, sans paix ni trêve, ces ténèbres extérieures où il y aura des pleurs et des grincements de dents !... Nous n'avons trouvé sous ses voûtes que le silence le plus profond... Nos pas seuls le troublèrent un instant... Une énorme tête de Maure, appendue au-dessus des orgues, arrête devant elle tous les visiteurs... Ce n'est pourtant qu'un emblème ou une allégorie ; car je ne sache pas qu'aucun fait historique s'y rattache... Le cloître est admirable !... Il est entouré de trente-deux chapelles, fondations pieuses, la plupart ornées avec peu de goût, et dans ce genre regailleux dont nous avions vu l'exagération dans les églises de Valence. Le jardin ou *patio* qui fait le milieu de ces quatre grandes galeries est rempli d'orangers, de beaux arbres aux fleurs rouges ; et est rafraîchi par une jolie fontaine.

Nous passâmes dans ce cloître l'heure du jour la plus brûlante ; nous ne pouvions nous arracher au mélancolique plaisir de nous promener sur ces dalles noires, ornées des armes de tous les comtes de Barcelone, et de nous asseoir sur les marches de ces autels où l'on devait prier éternellement pour leurs âmes. Une petite chapelle, attenante à la cathédrale, était remplie de fidèles, pendant que la solitude régnait dans la métropole.... On invoque dans cette chapelle *Sancta Lucia, abogada de la Vista*, et l'immense quantité d'*ex-voto* qui tapissent les murailles, prouvent combien sont communes les maladies des yeux dans cette contrée que brûle le soleil de l'Ibérie.

Une légère calèche étendit notre promenade jusqu'à Barcelonette. Cette petite ville, ou plutôt ce faubourg, ressemble à son nom ; tout est petit, mignon, propre, régulier, aligné ; tout semble y avoir été fait le même jour pour amuser l'enfant d'un roi... Les maisons en brique n'ont qu'un étage fort bas, et pour toiture elles ont une terrasse... Bâtie sur la langue de terre qui forme le bassin du port de Barcelone, Barcelonette semble n'être habitée que par des marins... Les femmes et les enfants, qui tous travaillaient et jouaient sur les portes, nous ont paru être une population admirable!... Mais quelle marine que celle de l'Espagne!... A Barcelonette, nous n'avons vu sur les chantiers qu'un seul navire, encore n'y travaille-t-on plus!...

Nous fûmes attirés au théâtre nouveau par l'annonce d'un nouveau ballet... Il avait pour titre : *Rosita ou la mort d'un Français !*... Il devait être joué ou plutôt dansé par des artistes parisiens. Nous prîmes place, à sept heures, dans une ancienne église du couvent *de los Capuchinos*, où l'on a seulement reblanchi les murailles, disposé des bancs, et suspendu douze becs à l'huile... Les places n'étant pas chères, les spectateurs étaient nombreux... Je ne crois pas, mon cher enfant, que nous fussions là précisément au milieu de la bonne compagnie barcelonaise.

Enfin, après une espèce de parade : *les Époux vengés*, après une brillante symphonie arrangée par le chef d'orchestre, commença *la Funcion*, la nouvelle pièce. Un vieux danseur, réformé avant la révolution de juillet ; sa femme, élève de Vestris, momie dont les angles aigus auraient percé les bandelettes ; leur fille, dont la vocation était assurément de raccommoder des bas, se démenèrent pendant une heure entière devant un public décidé à trouver cela beau! L'action de ce ballet est des plus simples... La grande haquenée, *Rosita l'Espagnole*, est décidée à préférer le vieux et laid Français à un jeune et joli Catalan ; celui-ci se débarrasse de son rival en le faisant tuer par derrière, au moment où le Français, animé par le bruit des castagnettes, ne songe qu'à pirouetter et à s'élancer le plus haut qu'il lui est possible. *Rosita*, éreintée par une charmante danse espagnole qu'elle nous a gâtée, tombe de fatigue plus que d'émotion, dans les bras du *mozo*, qui avait très-bien dansé sa *cachucha*; et la toile baisse devant nos éclats de rire et les applaudissements des Catalans, qui trouvaient cela fort bien conçu et très-naturel...

Le lendemain, mon cher Charles, MM. O.... et L...., nous procurèrent le plaisir du théâtre Italien... Les Barcelonnais étant *dilettanti*, toute la salle est louée à l'année... On jouait ce soir-là *Zampa*. La salle est ornée et décorée dans le goût français; les toilettes des femmes n'auraient pas été reniées par les abonnées de la salle Ventadour, et assurément le visage charmant de plusieurs dames aurait excité la jalousie de la Parisienne la plus à la mode... Rien de joli surtout comme ce jeu de l'éventail... Ta mère trouve que c'est une de ces perfections futiles, mais délicieuses, dont on n'a pas encore assez loué la grâce!...

Pendant une de nos promenades par la ville, le hasard nous conduisit dans un cloître de couvent, dans le plus délicieux cloître qui soit possible... Des orangers séculaires, les plus gros que nous ayons vus, en ombrageaient *le patio*... Un vieux moine, assis dans une galerie, disait à demi-voix son office; le bruit de nos pas ne parut pas être entendu par lui; il se leva, un instant après, pour se retourner du côté de la chapelle; il dut nous voir, mais continua ses prières sans la moindre distraction. Comme au père Bernardo de *San-Pedro de Cardeña*, nous pensâmes qu'on lui avait donné la permission de mourir où il a vécu, et que peut-être il n'a pas accordé plus d'attention à la révolution qui a dispersé ses frères, qu'il n'en accorde aux voyageurs lorsqu'en passant ils troublent le silence de son cloître.

Le jour de notre départ était arrivé, mon cher enfant!... Nous donnâmes à dîner à M. L...; le champagne augmenta le regret que nous avions de nous séparer... Enfin, à six heures du soir, nous quittons, avec le plus vif désir de les revoir, notre aimable compatriote, *la Rambla*, l'hôtel des Quatre Nations, enfin Barcelone, la seule ville d'Espagne où l'on vive, où l'on travaille, où l'on s'agite, sous ce beau ciel, qui, dans la plus grande partie de la Péninsule, n'est qu'une tente à l'abri de laquelle sommeillent les habitants.

———————

La route de Barcelone à Girone suit presque partout le bord de la mer... C'est un magnifique spectacle que la nuit nous a fait perdre cependant nous voyions briller les lames, nous les entendions se briser sur les rochers !... Je vois encore courir sur les vagues les bateaux de pêche qu'illuminaient des feux de paille allumés sur leur poupe. On eût dit une suite de fanaux entretenus sur les côtes pour en éclairer les écueils.

A huit heures du matin, nous entrâmes à Girone, ville célèbre par les siéges terribles qu'elle a soutenus en 1808 et 1809 dans la guerre de l'indépendance. Zurbano la fait trembler aujourd'hui sous son régime despotique !... La diligence nous laissa le temps de visiter la cathédrale, à laquelle on monte par trente-deux marches ; elle est vaste et belle, mais gâtée par le chœur placé encore au milieu de la nef ; ce chœur, quoique moderne, est le plus ridicule de tous ceux que nous avons vus ; il semble être de carton, et il est surmonté par des orgues peintes et dorées dans le plus mauvais goût.

De Girone à Figuières, nous avions pour compagnon de voyage un militaire dont le père était un Français émigré en Espagne vers 1792 ; M. Delhomme est commandant de place à *Castellon de Am- purias* ; il est grand partisan d'Espartero, le régent, et de la justice expéditive de Zurbano.

« Il y a quelques jours que ce général m'a fait la gracieuseté, nous raconta-t-il, de m'envoyer prisonniers à *Castellon* deux factieux ou *ladrones*, que je fis fusiller rondement. » Il est vrai qu'ils le méritaient un peu... Une brave fermière, d'un âge mur, avait été enlevée par eux au milieu de ses champs et de ses récoltes, et conduite dans la montagne ; puis ils avaient fait dire à son fils que s'il n'apportait pas à un endroit désigné cent onces d'or, sa mère serait mise à mort... Le fils, qui faisait partie de la milice, alla consulter son commandant, qui assembla ses hommes, et courut sus aux ravisseurs. Ceux-ci s'enfuirent, laissant la fermière saine et sauve ; mais ils tombèrent bientôt aux mains de Zurbano, qui voulut laisser à M. Delhomme le plaisir d'exécuter en personne l'arrêt de mort sur le lieu même du crime... « Je les fis mettre en chapelle, nous dit-il, et leur fournis « encre et papier pour écrire leurs dernières volontés... Un de ces « pauvres diables se mit à écrire à sa mère, réfugiée politique à Per- « pignan, et dans sa lettre voulut lui conter toute son aventure ; mais « je le prévins que ce serait beaucoup trop long, et qu'il n'avait plus « que trois quarts d'heure à vivre... Alors il se résigna à ordonner « l'emploi après sa mort d'une assez forte somme qu'il portait dans « sa ceinture... Il la partagea entre sa mère, ses sœurs et *une femme* « qui, dit-il, était la cause de tous ses malheurs... Puis il se confessa,

« alluma son cigarre, et reçut la mort avec sang-froid, comme Ney,
« comme Diego Leon !... »

C'était avec un demi-sourire que M. Delhomme nous faisait ce
récit ; son visage s'épanouit tout à fait en nous contant tous les détails de l'exécution de deux malheureux douaniers, détails qui, dit-il,
étaient bien connus... Ces douaniers ayant été dénoncés par le con-
trebandier qui les avait séduits, furent traînés sur la place de Girone
par Zurbano lui-même, et, comme des chiens, furent assommés à
coups de bâton. Ce sanglant récit, fait par un témoin de cette scène
atroce, nous avait terrifiés, et je m'écriais : « Mais ils sont morts ?...
« — Non, non, nous dit M. Delhomme en riant, mais ils sont bien
« malades !... » Assurément dans les veines de cet homme le sang
espagnol de sa mère coule en bien plus grande quantité que celui de
l'émigré français, son père. *Tout en devisant*, nous arrivons à Figuières... L'aspect du pays a graduellement changé, les terres sont
couvertes de verdure, mais d'un autre ton que celle de *la huerta ;*
les oliviers bordent toujours les routes, mais les cactus ainsi que les
caroubiers ont disparu !... les roseaux sont moins hauts et le ciel a
des nuages !...

En arrivant à Figuières, et malgré notre extrême fatigue, nous
allâmes voir la citadelle, l'une des plus fortes de l'Europe !... Quand
je dis *voir*, c'est à l'extérieur s'entend ; car pour pénétrer dans l'intérieur il eût fallu une permission que nous n'avions ni le temps ni
l'intention de demander.

La diligence pour Perpignan partait à quatre heures du matin ;
je me fis inscrire pour les deux premières places dans l'auberge même
où nous étions descendus et où se trouvait le bureau ; puis après avoir
mangé, dans un horrible petit café, de la mauvaise limonade glacée
et des gâteaux secs ; ta mère, accablée de sommeil, voulut aller se
reposer ; je la laissai rentrer seule, voulant encore me promener
dans Figuières, et faire céder la fatigue à la curiosité ; mais la première l'emporta bientôt !... Je rentre dans *la posada ;* je gagne notre
chambre ; j'en ferme la porte... Par prévision ma femme me demande
(car elle dormait déjà !) : « As-tu recommandé qu'on vînt nous éveiller
le lendemain ?... Je lui réponds : Tu sais bien qu'on n'y manque
jamais !... » Et nous voilà dormant jusqu'à quatre heures. Une
énorme pendule placée près de notre chambre réveille alors ta mère ;
elle s'étonne de n'entendre aucun bruit, descend de son lit à l'aide
de plusieurs chaises (car les lits ont six pieds de haut à Figuières !)
m'éveille et me fait part de ses inquiétudes... Je veux lui persuader

et me persuader à moi-même qu'on nous a dit cinq heures au lieu
de quatre ; mais une demi-heure s'écoule... Ta mère s'étant habillée,
traverse la salle à manger, et, du haut de l'escalier ouvert sous la
remise, elle jette un cri de détresse en n'y voyant plus ce qu'elle y
avait vu la veille : *la diligence* qui devait nous conduire en France !...
A son appel, un Catalan endormi dans sa cape se relève : « Que
voulez-vous, Señora ? lui dit-il. — La diligence de Perpignan ! —
Fuera ! (partie !)... » Toute la colère de ma femme retomba alors
sur moi ; pour la calmer, je lui dis qu'elle ne comprenait pas bien ;
que *fuera* signifiait qu'on était allé chercher la voiture... Hélas !...
elle ne comprenait que trop bien !... la voiture était partie ; et il
fallut nous résigner : *primo*, à attendre pour nous plaindre qu'on fût
levé dans l'auberge ; *secundo*, à rester peut-être vingt-quatre heures
à Figuières.

En attendant, nous repassions dans notre cerveau tous les reproches
dont nous nous disposions à accabler notre hôte... Eh bien ! il se
trouva que nous avions tous les torts... Personne ne nous avait vus
rentrer ; on prétendit nous avoir attendus jusqu'à une heure du
matin, s'être inquiété de nous... etc... Notez qu'on n'avait seulement *pas* touché à notre *porte* pour voir si elle était fermée !...

Notre véritable tort, c'était de n'avoir fait aucune dépense la veille ;
car l'hôtesse nous répéta plusieurs fois qu'on prévenait ordinairement quand on ne voulait pas souper, et qu'on payait sa dépense
avant de se coucher... Sur ce dernier point, elle avait à peu près
raison !... mais enfin, nous ne voulions pas rester vingt-quatre heures
à Figuières. Je finis par trouver une tartane, véritable petite galère
espagnole ; quoique attelée d'un *mulet* qui boitait au départ, elle
nous conduisit en dix heures à Perpignan !... Cette journée fut une
des plus agréables de notre rapide voyage. L'allure de notre équipage nous permettait de mettre de temps en temps pied à terre et
d'admirer la beauté du pays que nous parcourions... Bien longtemps
avant d'y arriver, et dans cette partie des Pyrénées qui n'offre plus
que des pentes douces, nous voyions assis sur le pic le plus élevé le
château de Bellegarde, sentinelle avancée de la France qui entretient
dans ses murs une assez forte garnison.

A la Junquera, dernier village et dernier poste des douanes espagnoles, nous trouvâmes une politesse et un empressement à expédier
nos passeports, à visiter nos effets, qui nous charma beaucoup
quoiqu'il fût dû peut-être à *dos pecetas* offertes de bonne grâce au
douanier par notre conducteur... Ce conducteur était un homme

d'esprit, s'il en fut jamais ; il parlait politique comme un feuilletoniste des *Débats*... Actif et laborieux, il gémissait sur le gouvernement défectueux de sa patrie, et admirait fort nos institutions... Enfin, nous dit-il, après de fort justes comparaisons : « Mieux vaut la nuit en France que le jour en Espagne, et vos grandes routes que nos maisons... *El camino en Francia que la casa en España...* » Il nous fit remarquer à la frontière l'endroit où, après un élégant déjeuner, Marie-Christine s'était, en 1829, séparée de sa sœur la duchesse de Berry qui, en lui donnant le baiser d'adieu, lui disait : « Ne regarde pas trop la France, ma sœur, de peur de ne pouvoir être heureuse loin d'elle ! » Un an après, on chassait la duchesse de ce pays qu'elle aimait tant... Un peu plus tard, la reine Christine y cherchait un asile, y venait pleurer ses enfants et les déceptions du rang suprême !...

Nous déjeunâmes au Pertus, première auberge française qui diffère peu de ses sœurs de la Catalogne.. Les yeux mêmes de l'hôtesse et de ses filles pouvaient rivaliser pour la beauté avec ceux des Espagnoles.

Un orage, dont la plus grande violence s'était fait sentir à Perpignan, avait étendu ses ravages jusqu'à la route que nous suivions... Un pont, absolument rompu, nous obligea à faire un circuit assez long... Le vent soufflait : le soleil, caché par de gros nuages, nous rappelait si bien celui de Paris, que le désir du foyer domestique se fit violemment sentir à nous, augmenté peut-être à notre insu par le regret de quitter la Péninsule. Vers la nuit, l'arrivée dans une place de guerre est toujours accompagnée d'anxiété... Quand le soleil est couché, on tire vingt fois sa montre, et l'on répète tour à tour : « Les portes seront-elles encore ouvertes, ou faudra-t-il coucher dehors ? » Nous arrivâmes à temps, et ce fut à l'*Hôtel de Paris* que nous passâmes la nuit du 31 août.

Le lendemain matin, à peine faisait-il jour dans Perpignan, que je courus savoir si *le Mercurio*, bateau à vapeur, qui devait partir le 30 de Barcelone, toucherait à Port-Vendres, comme on nous l'avait dit... — Rien n'est plus incertain, me répondit-on... Cependant le désir, que je nourrissais depuis longtemps, six ans, de voir ce port, joint à notre empressement de regagner Paris par la voie la plus prompte, nous décida à arrêter nos places dans une voiture publique qui partait à trois heures pour cette frontière maritime du midi de la France... En attendant l'heure du départ, j'employai le temps à faire voir à ma femme la ville de Perpignan que je connaissais déjà.

C'est une ville aux rues étroites, aux pavés aigus, mais à l'aspect vivant et animé ; les promenades qui entourent extérieurement ses remparts sont d'une excessive beauté ; la citadelle est cent fois digne de Vauban qui la fit élever ; *le Castillet*, petit château à l'entrée de la porte Sainte-Marie, est d'une architecture tout à fait arabe... La cathédrale, quoique n'ayant qu'une seule nef, est d'un aspect grandiose.

Notre départ pour Port-Vendres nous empêcha d'assister au spectacle qui, ce jour-là, paraissait intéresser vivement les commensaux de la table d'hôte... Je crois qu'il y avait là des acteurs de passage... La campagne, qui est aux portes de Perpignan, est en général de la plus grande richesse ; mais l'orage que nous avions à peine évité en passant à Tarragone, l'avait dévastée tout entière, et nous pouvions voir les dégâts qu'il avait causés... Un propriétaire des environs, que nous avions pour compagnon de route dans le coupé, nous en conta d'horribles détails... Plus de quarante personnes avaient péri, emportées par les eaux du Têt qu'avait grossies une trombe, la plus épouvantable de mémoire d'homme dans ces contrées !... Les récoltes étaient entièrement perdues... Plusieurs propriétés avaient même changé de nature.

Nous trouvâmes à Elne, petite ville d'origine romaine, un pont suspendu, spécimen de ce siècle industriel, à côté d'une tour élevée jadis par César... L'église d'Elne renferme le tombeau de Constance, l'un des fils de l'empereur Constantin, et qui fut tué dans les plaines du Roussillon.

La diligence s'arrête quelques instants à Collioure, charmante petite ville, qui a pour port une anse peu sûre... Jadis elle fut plus d'une fois pillée par les Maures d'Alger, qui, à la faveur de la nuit, dirigeaient sur nos côtes leurs étroites galères, et regagnaient la pleine mer avant que le soleil revînt éclairer les ravages et le désespoir des malheureux habitants échappés à la mort ou à l'esclavage... Dieu merci! les Algériens n'existent plus, et Collioure a maintenant un fort qui la garde...

Port-Vendres est le dernier point habité du golfe de Lyon, sur la terre de France ; il n'était fréquenté que par des pêcheurs avant que le duc de Maillé, gouverneur du Roussillon, en 1780, ne fût frappé de la sûreté de cette anse, où se réfugiaient les bateaux fuyant devant la tempête, et ne songeât à y faire les travaux et les embellissements qui subsistent encore... Aujourd'hui, le gouvernement constitutionnel, sollicité par un député des Pyrénées-Orientales, s'est décidé à donner à cette rade la seule chose qui lui manque, l'espace, l'étendue : on creuse un second bassin qui aura trente pieds de profondeur, et plus de cent vaisseaux de guerre pourront s'y amarrer, à l'abri de tous les vents et de toutes les flottes ennemies... Le village n'est rien encore, et n'a pas plus de six cents habitants... La situation est triste... Resserrée entre des montagnes arides, il faut que la mine fasse faire place au double génie qui viendra se placer autour des deux bassins : celui de la guerre et celui du commerce...

Le vent, qui soufflait avec furie, nous ôta tout espoir de voir arriver le bateau à vapeur.. Nous soupâmes à table d'hôte avec un jeune prêtre espagnol fixé à Toulouse, et naguère aumônier d'un couvent de femmes. Le pauvre garçon s'était décidé à faire le voyage de Barcelone, pour revoir sa famille..... Hélas ! il n'a pas le courage des missionnaires, cette force qui les pousse à braver les supplices pour annoncer la parole du Christ!... Tremblant de tomber aux mains des factieux ou des voleurs, il était venu, comme nous, attendre à Port-Vendres le bateau à vapeur, qui ne vient pas!...

Une vieille camériste de la marquise de *Las Aguas* allait partir aussi, pour respirer quelques mois l'air des orangers de sa patrie, *la Valencia del Cid*... Ses yeux, tristes auparavant, s'illuminent de plaisir, quand elle découvre en nous des gens assez heureux pour avoir vu *la casa de Las Aguas*, qui est en effet la plus belle maison de Valence...

Après une nuit passée à entendre souffler, siffler le vent, qui éloignait de nous *el paquete de vapor*, nous nous décidâmes à retourner à Perpignan , et à reprendre la route de terre, à défaut de la voie plus prompte de la mer... La voiture publique étant partie, nous prîmes la poste... On exhuma, du fond de la remise, une vieille calèche qui ne put nous conduire que jusqu'à Elne ; car les ressorts, rouillés, se rompirent, et la malheureuse boîte expira au champ d'honneur!... On nous transborda dans un abominable petit cabriolet, grâce auquel nous nous revîmes, tout brisés et moulus, à Perpignan, d'où nous repartîmes le soir même.

La nuit, assez noire, nous empêcha de rien voir sur la route de cette dernière ville à Narbonne... Là, nous nous arrêtâmes pour prendre du café, et voir lever le soleil... Il se leva, ce jour-là, brillant et radieux, sortant en vainqueur *des bras de Thétis!*... Nous saluâmes cet ami de nos beaux jours d'Aranjuez et de Barcelone, qui avait la bonté de nous suivre sur le sol de la patrie !

Nous eûmes un voyage fort agréable de Narbonne à Béziers : c'est cette dernière ville qu'un dicton populaire fait la rivale de Naples. « Quand le grand architecte de l'univers s'ennuie, il regarde, dit-on, pour se distraire, Béziers en France et Naples en Italie.. » Nous fûmes égayés en route par la conversation pittoresque d'un enfant de la Garonne, établi à Alger, où il tient un magasin d'habillements confectionnés... Ce garçon, qui certes a de l'esprit, nous contait les choses les plus intéressantes, avec un accent gascon fortement accentué, avec un débit rapide et incisif, qui ne manquait pas d'une certaine grâce, quoiqu'il fût parfois saupoudré des expressions vulgaires de l'estaminet. Après nous avoir dit, par exemple, que le bey de Tunis était *un bon garçon*, qui partageait religieusement, avec le gouvernement de notre nouvelle colonie, le tribut payé par les Bédouins campés entre les deux états, il ajoutait que l'empereur de Maroc était *un polisson*, et qu'on ferait bien *de le pincer!*... Il nous conta l'exécution d'un marabout, qui fut, il y a peu de mois, décapité à Alger, pour avoir prêché l'insurrection jusqu'aux portes de la ville..... Le général, nous disait-il, ayant appris que, dans une mosquée, ce marabout *blaguait* à propos de la guerre sainte, et qu'il s'entendait avec Abd-el-Kader, lui fit dire qu'il eût à se taire, ou *qu'on lui apprendrait la manière de s'en servir*... Le vrai croyant continua néanmoins à parler encore au nom d'Allah, et, condamné à mort, courba la tête sous la hache française, heureux d'accomplir en mourant ce qui, suivant Mahomet, était écrit de toute éternité!.... Sans doute cette croyance fatale, mais douce, préserve du désespoir ; ne rend-elle pas en même temps l'homme inhabile à maîtriser le sort par cette volonté forte qui enfante des miracles ?...

En déjeunant à Béziers, je me trouvai à côté d'un jeune homme qui allait prendre place, nous dit-il, dans la voiture où nous étions, jusqu'à Agde seulement... car là, il s'embarquait sur un bateau à vapeur qui partait ce soir-là même pour Marseille. Nous nous décidâmes promptement, ta mère et moi, à mettre ce renseignement à profit... Nous évitions ainsi la fatigue d'une nuit en voiture, d'un jour de plus en voyage, et nous goûtions un peu de cette navigation à l'aide de la vapeur, que le plus beau temps du monde nous faisait vivement désirer... La route de Béziers à Agde suit presque toujours les bords du canal du Languedoc, de ce chef-d'œuvre de Riquet, dont la statue s'élève sur la promenade qui est si délicieusement située à Béziers... mais la chaleur et les mauvaises places que nous occupions dans la diligence, nous firent assez souffrir pour nous empêcher d'admirer le beau pays que traverse cette voie ouverte au commerce des deux mers par le génie d'un grand homme!...

Arrivés vers midi à Adge, petite ville située presqu'à l'embouchure de l'Hérault, nous eûmes le temps de dormir un peu, de laver la poussière de la route et de faire un très-bon dîner avant de prendre place sur l'arrière du paquebot qui devait nous conduire à Marseille en quatorze heures... Quoique sachant que *l'Hérault* était un bateau de transport, nous ne nous attendions pas à y trouver, en fait de quadrupèdes, une aussi nombreuse compagnie... Quand nous montâmes à bord, on s'occupait non pas à placer, mais à faire entrer dans la cale et sur le pont six cents moutons; cinquante veaux occupaient déjà les places réservées à leur capacité; cent cages enfin, remplies de malheureuses volatiles destinées à assouvir la faim du minotaure marseillais, avaient envahi la majeure partie du terrain ordinairement occupé par les bipèdes... Une horrible odeur s'exhalait de leur prison!... Cependant leur sort était doux, comparé à celui des malheureuses brebis qui, sacrifiées comme tous les êtres qui ne savent que faire retentir leurs plaintes, étaient entassées dans un espace infiniment trop étroit pour elles... Les plus fortes ou les plus hardies, se dressant sur leurs pattes, étouffaient sous elles leurs faibles compagnes... Les conducteurs, qui voulaient vendre leur marchandise à peu près vivante, rétablissaient le droit commun en lançant au milieu du troupeau leurs chiens en guise de gendarmes... Alors chaque mouton, mordu à la queue ou aux oreilles, se poussait un peu pour laisser respirer son voisin... D'abord ce manége nous amusa; puis notre attention se porta sur nos compagnons de voyage.

Le plus grand nombre n'allait qu'à Cette où l'on devait relâcher... à cinq heures, bêtes et gens étant à peu près placés, l'eau en ébullition, machiniste, chauffeurs et timonier à leur poste, *l'Hérault* commença à descendre la rivière, sa marraine, non pas lentement et noblement, comme un navire sous voiles, comme le roi de la mer, symbole de l'intelligence humaine, qui dompte avec grâce une force plus grande que la sienne, mais comme un manœuvre aux bras robustes, qui accomplit vaillamment une tâche nécessaire. Nous voilà donc en pleine mer, pour jouir du plus beau soleil couchant que j'aie jamais vu de ma vie!... Doux enchantement des yeux pour lesquels naissaient tour à tour ou s'éteignaient à l'horizon et sur les flots les arcs-en-ciel aux plus ravissantes couleurs!... Suaves émotions pour nos âmes, plongées dans mille pensées indécises, qui évoquaient à la fois tant de souvenirs divers, qui caressaient tant d'espérances dont pas une seule peut-être ne sera réalisée !...

La nuit, comme nous la connaissons à Paris, ne succéda pas au coucher du soleil ; bientôt la lune se leva ou plutôt elle brilla de la douce lumière dont elle n'est qu'un pâle reflet, quand le soleil ne l'éclipse plus... Toutes les étoiles, reflétées dans l'eau bleue, nous firent croire que nous voguions dans un double firmament ; seulement l'un vacillait sous nos pieds, tandis que l'autre s'étendait immobile sur nos têtes ! Nous pûmes jouir, mon cher enfant, sans aucun mélange de souffrance, de ce magnifique spectacle d'une belle nuit sur la Méditerranée ; cependant la mer n'était pas tout unie, comme on la voit quelquefois ; elle était légèrement ridée... Ses petites vagues clapotaient sans cesse autour de notre bateau qui devant lui avançait vite et droit, laissant derrière lui son sillon d'écume dans les flots et sa traînée de noire fumée dans les airs.

A minuit, nous jetâmes l'ancre dans le port de Cette ; alors commença ce remue-ménage anti-poétique d'une escale de bateau à vapeur : les paquets égarés qu'on cherche avec des jurements d'impatience, les enfants qui crient parce qu'on les réveille en sursaut, les adieux plus ou moins larmoyants et presque tous burlesques, la joie de ceux qui sont arrivés à leur destination, les plaintes doucement concentrées de ceux qui ont encore toute la nuit à passer à bord, enfin l'embarras des arrivants qui, par un effet bien naturel, trouvent les bonnes places prises par de premiers occupants : tout cela présente un spectacle qu'on ne trouve nulle part ailleurs.

Enfin on lève l'ancre de nouveau ; en même temps on prend à bord un ou deux retardataires, de ces voyageurs qui se font, je crois, un point d'honneur de ne mettre le pied sur une véhicule quelconque que lorsqu'il est parti... On sort du port de Cette ; bientôt le sommeil nous gagne et nous rappelle que nous n'avions pas dormi franchement depuis deux nuits ; nous trouvâmes fort bons les hamacs de l'entrepont.

Quoique mieux couchée que moi, dans la chambre des dames, ta mère fut la première éveillée... Elle vint m'engager à assister, en bon courtisan, au lever du soleil ; il fut riant et plein d'éclat, comme avait été enivrant et mélancolique le coucher de la veille.

Nous touchons presque au port de Marseille ; la mer couverte de voiles que le lointain nous faisait apparaître blanches comme de la mousseline, la mer semblait un lac sur la surface duquel se jouaient

les alcyons... Bientôt notre capitaine, Provençal gros et jovial, se
plaça, le porte-voix en main, sur son banc de quart, large planche
jetée sur la tête de la cargaison moutonnière ; il engagea tous les
curieux qui l'environnaient à s'asseoir pour ne pas gêner la manœuvre... Par une exquise galanterie de notre amiral, ta belle-mère
fut seule exceptée de la mesure générale ; aussi, debout à côté du
commandant, put-elle un instant, avec quelques frais d'imagination, se
croire la brave compagne d'un de ces hardis Phocéens qui, six siècles
avant l'ère chrétienne, fondaient Massalie, cette Marseille, la plus
ancienne de nos villes maritimes, et aujourd'hui la plus florissante,
grâce à notre conquête algérienne.

L'Hérault ne trouva qu'à grand' peine une place convenable entre
les rangs pressés de ces navires visiteurs de tous les mondes, ama-
rés si près les uns des autres que l'on ne voit plus l'élément sur
lequel ils reposent... Que ne peuvent-ils, hélas ! en même temps que
la couleur, dissimuler l'odeur qui s'en exhale !... Sentine d'une ville
de deux cent mille *corps* (ne parlons pas des âmes qui ne participent
jamais à la corruption), le port de Marseille, transformé en un immense égout, échauffé sans cesse par un soleil d'Afrique, doit faire
éclore de nouveau, si l'on ne trouve le moyen de l'épurer, ces épidé-
mies dévastatrices que le lazaret avait repoussées à coups de qua-
rantaines.

La douane fut expéditive... à huit heures nous étions installés *à
l'hôtel des Princes;* le frère de ma femme nous y avait donné rendez-
vous, mais nous l'y cherchions en vain.

Les nouvelles de Paris, quoique bonnes, nous donnaient ces désirs
ardents de revoir sa maison et ses enfants, qui font prendre les plus
mauvaises places dans n'importe quelle voiture. J'arrêtai les nôtres
pour le lendemain soir dans l'intérieur de la diligence de Lyon ;
nous nous promenâmes toute la journée par les cours et dans les
rues... Certes, c'est une belle ville que Marseille, mais je préfère
Bordeaux..... Quant à ta mère, cela ne fait pas de doute... Cependant Marseille est un corps plein de vie, d'une vie même qui
surabonde ; Bordeaux n'est presque plus qu'une belle statue !....
Nous vîmes alors une charmante chose, qu'on appelle, je crois, la
foire Saint-Laurent, et qui se tient sous des arbres... Puis, croyant
que l'omnibus qui portait écrit *Prado* en lettres longues comme le
doigt, nous mènerait à cette promenade qui rejoint la mer, nous
fûmes traînés, par une combinaison trop longue à te raconter, jusqu'*aux Mazergues,* village à deux lieues de Marseille.

Cependant ta belle-mère, qui voulait voir le théâtre de Marseille, enrageait au fond du cœur; la nuit approchait et la route s'allongeait de plus en plus; heureusement, le spectacle commence tard dans cette saison!... Nous entrâmes dans la salle quelques instants encore avant l'ouverture de *la Sonnambula* de Bellini, chantée ce soir-là par ces Allemands qui l'an passé avaient eu si peu de succès à Paris... Il me semble qu'en province ils auraient dû faire de l'effet; mais la salle n'était remplie que par des hommes, et encore !....

Nous avions fait tant de choses le premier jour, que le second nous reculâmes devant le voyage de *Notre-Dame-de-la-Garde* ou de *la Redoute*... Oui, mon cher fils, nous reculâmes!... Et ta mère me charge de te dire que ce fut à son grand regret, et qu'elle ne se console que par l'espoir de revoir mieux et plus longtemps cette belle Marseille !...

Le hasard nous plaça dans la diligence de Lyon à côté de M. K.... réfugié polonais établi à Barcelone, et dont M. Jules L... nous avait parlé avec beaucoup d'éloges; il était arrivé la veille à Marseille par *el Mercurio*, ce paquebot que nous avions tant désiré, et que notre bonne étoile, ainsi qu'un vent horrible, nous avaient fait éviter... Battu par une mer très-mauvaise, repoussé par un vent de terre de tous les ports où il aurait pu trouver le calme, il avait mis cinq jours pour faire un trajet qu'on accomplit ordinairement en trente-six heures.

L'aimable causerie de M. K...., nous aida à passer deux nuits et deux jours, qui sans lui nous eussent paru bien longs!... L'exiguité de l'intérieur de diligence dans lequel nous étions six au grand complet, dont cinq à longues jambes, comme dit ta mère, nous aurait rendu ce temps mortel!... Une lourde chaleur, une chaleur étouffante qui présageait l'orage, accablait tellement ma femme que son courage allait faiblir... Mais, mon enfant, les bonnes traditions de la chevaleresque Pologne ne sont pas perdues!..... Un de ses nobles réfugiés nous en donna l'exemple. M. K.... alla se placer sur l'impériale pour laisser à votre mère la facilité de s'étendre quelques heures à la place qu'il lui cédait !...

Nous avons vu Lyon encore plus imparfaitement que Marseille; d'abord, nous ne songeâmes qu'à nous reposer; puis ta mère, pour accomplir la promesse faite à une bonne et respectable dame de Bordeaux, voulut aller à Notre-Dame-de-Fourvières... Elle fut récompensée de l'accomplissement de sa parole par la vue d'un des plus magnifiques panoramas du monde, dont je pus jouir comme elle... Notre cocher, complaisant et loquace *cicerone*, nous nomma tous les monuments, les ponts, les divers quartiers de la ville que nous avions à nos pieds ; il y ajouta une relation topographique de l'inondation de 1841, répondit assez bien à mes questions sur la dernière insurrection lyonnaise, et nous montra à l'horizon le point où l'on aperçoit la cime du Mont-Blanc à une certaine heure du jour et lorsque l'état de l'atmosphère s'y prête de bonne grâce.

De la terrasse de Fourvières, Lyon, avec ses deux fleuves qui le traversent, est une magnifique ville... Se promène-t-on dans son enceinte, ce n'est plus cela... Ses rues étroites, ses hautes maisons enfumées, sa population sale et dégradée parce qu'elle est pauvre, nous donnent le désir de la quitter bientôt, puisque nous n'y laissons pas d'amis !... Cependant la place Bellecourt est fort belle. Mais qui ne connaît pas la place Bellecour ?...

Un endroit moins connu et fort curieux à voir, est le cimetière de la seconde ville de France, lequel est situé à mi-côte de la montagne de Fourvières.... Ce champ des morts, orné d'arbres, de fleurs et de ces monuments funèbres dont la recherche exclut de nos jours la tristesse, nous a paru une charmante promenade pour les vivants.

De Lyon nous allions à Vichy ; pour ne pas trop nous fatiguer nous couchâmes à Roanne ; une grande partie de notre temps s'y passa à table et au café... injure faite aux curiosités de cette ville et dont nous lui demandons très-humblement pardon, l'assurant que nous n'avons péché, si péché il y a, que par ignorance.

Une voiture de louage se chargea de nous mener à Vichy ; nous passâmes devant le château de M. de La Palisse, dont, j'espère, on n'oubliera pas d'illustrer la complainte....... Nous déjeunâmes à *la Pacaudière*, avec deux imbéciles que notre hôtesse nous imposa, en nous disant que ces messieurs aimaient tant la société que cela leur ferait bien plaisir. Ils ne parurent n'en prendre que médiocrement et nous ennuyèrent à mourir ; mais la maligne aubergiste s'épargnait ainsi l'embarras d'un second déjeuner.

Nous entrâmes à Vichy par *la Promenade des Dames*, longues allées de peupliers plantés sur les bords d'un joli courant d'eau, par les soins et les ordres de Mesdames de France, filles de Louis XV ; elles jetèrent aussi les premiers fondements de l'établissement public de cette petite ville, lequel est aujourd'hui le plus beau, dit-on, de toutes les eaux thermales de France.

Nos bons parents, mes jolies nièces, nous firent un si bon accueil que, malgré la pluie qui nous empêcha de nous promener, les deux jours que nous passâmes près d'eux s'écoulèrent bien vite..... Nous visitâmes les bains ; nous dînâmes avec les principaux habitants de ce bourg si bruyant, si habité pendant la saison des bains et si paisible tout le reste de l'année... Les jeunes cousines nous dansèrent cette bourrée que madame de Sévigné trouvait si divertissante, et le 12 septembre nous reprîmes, dans la voiture de la rue Notre-Dame-des-Victoires, la place que nous ne devions plus quitter que deux jours après dans les murs de la capitale... Cela fut fait, mon cher fils, comme il avait été dit, et nous embrassâmes Marie, Paul et nos amis le 14, environ deux mois après les avoir quittés.